在本书中，国际货币基金组织改变了关于能源补贴问题的争论立场，掷地有声地强调我们不应只看到显性补贴，还应当认识到放任污染等同于对一笔高额的费用免费（换言之，就是在补贴这种行为）。如果市场失灵得不到纠正，必将削弱市场运行的有效性。国际货币基金组织通过严谨的计算进一步表明能源补贴在富国和穷国是多么普遍，这是一项巨大的贡献。

——尼古拉斯·斯特恩（Nicholas Stern）

伦敦政治经济学院IG帕特尔讲座“经济学和政府”教授

伦敦政治经济学院格兰瑟姆气候变化与环境研究所所长

英国社会科学院院长

本书基于广泛的跨国分析，为如何更好地实施以削减能源补贴为目的的改革建言献策。本书的第一部分指出了不实施改革的成本：（1）增加公共预算的负担，致使用于加大节能降耗或清洁创新领域投资的财政空间减少；（2）加速自然资源的耗竭；（3）加剧高收入和低收入家庭之间的不平等；（4）增加二氧化碳排放量，加速全球变暖的进程。本书还指出了政府不愿意开展能源补贴改革的一系列政治经济因素，尤其是对政府缺乏信心，并给出了如何能够（或曾经如何）减少这些因素影响的建议。跨国分析表明，不同国家处理这个问题的方式千差万别。总体而言，这本书对致力于能源和可持续增长与发展的研究人员和政策制定者是一座宝库。

——菲利普·阿洪（Philippe Aghion）

哈佛大学经济系罗伯特·C. 瓦格纳教授

我们的星球不得不努力与能源紧缺和燃烧化石燃料造成的负面环境影响这两个问题进行斗争，尽管如此，许多国家仍在补贴石油产品、电力、天然气和煤炭。这项极好的研究以176个国家为样本，提供了关于此类补贴最可靠、最全面的估计。研究有力地说明了这些补贴不仅加剧了稀缺和污染，还会占用卫生和教育支出，抑制私人投资。此外，这类补贴高度扭曲，是一种非常低效的收入再分配方式。22个国家的案例研究不仅对此提出了警告，同时也给出了可持续发展的改革建议。这本应时之作对发达国家和发展中国家政策制定者而言必不可少。

——里克·范德普洛格（Rick van der Ploeg）

牛津大学资源富裕经济体分析中心研究室主任

牛津大学经济学教授

最好的政策经济学研究是新颖、大胆、具有重大价值的实证研究。《能源补贴改革：经验、教训与启示》同时命中这3个目标：其新颖性在于此研究以前所未有的视野揭示了全球能源补贴的弊端及发展程度；大胆，是因为它将不仅促使贫穷国家重新审视隐藏于福利外表下对富人的补贴，而且使富裕国家认识到这种无效扭曲的规模；价值重大，是因为它为如何采取行动应对财政和环境犯罪提供了可操作的步骤和案例。这正是我们所需要的研究，它致力于解决当今世界一项被低估的关键性政策失误。

——亚当·波森（Adam Posen）

彼得森国际经济研究所所长

低碳智库译丛

国家出版基金项目
NATIONAL PUBLICATION FOUNDATION

“十三五”国家重点图书出版规划项目

# ENERGY SUBSIDY REFORM
## lessons and implications

Benedict Clements David Coady Stefania Fabrizio
Sanjeev Gupta Trevor Alleyne Carlo Sdralevich

# 能源补贴改革
## 经验、教训与启示

编者
本内迪克特 · 克莱门茨　大卫 · 科迪　斯蒂芬妮 · 法布里齐奥
圣吉夫 · 古普塔　特雷弗 · 阿莱恩　卡洛 · 萨德莱列维奇

史丹 李玉婷 马翠萍　译

东北财经大学出版社
Dongbei University of Finance & Economics Press
大连

辽宁省版权局著作权合同登记号：图字06-2016-04号

**图书在版编目（CIP）数据**

能源补贴改革：经验、教训与启示/（美）本内迪克特·克莱门茨（Benedict Clements）等编；史丹，李玉婷，马翠萍译.—大连：东北财经大学出版社，2017.1（2023.5重印）
（低碳智库译丛）
ISBN 978－7－5654－2618－6

Ⅰ.能… Ⅱ.①本… ②史… ③李… ④马… Ⅲ.能源经济-政府补贴-研究 Ⅳ.F416.2

中国版本图书馆CIP数据核字（2016）第309869号

东北财经大学出版社出版发行
大连市黑石礁尖山街217号 邮政编码 116025
网 址：http：//www.dufep.cn
读者信箱：dufep@dufe.edu.cn
大连图腾彩色印刷有限公司印刷

幅面尺寸：170mm×240mm 字数：188千字 印张：14
2017年1月第1版 2023年5月第2次印刷
责任编辑：张旭凤 责任校对：吉 扬 刘东威
封面设计：冀贵收 版式设计：钟福建
定价：49.00元

教学支持 售后服务 联系电话：（0411）84710309

如有印装质量问题，请联系营销部：（0411）84710711

# “低碳智库译丛”总序

气候变化是当前人类面临的最大威胁，危及地球生态安全和人类生存与发展。采取应对气候变化的智慧行动可以推动创新、促进经济增长并带来诸如可持续发展、增强能源安全、改善公共健康和提高生活质量等广泛效益，增强国家安全和国际安全。全球已开展了应对气候变化的合作进程，并确立了未来控制地表温升不超过2℃的目标。其核心对策是控制和减少温室气体排放，其中主要是化石能源消费的$CO_2$排放。这既引发了新的国际治理制度的建立和发展，也极大地推动了世界范围内能源体系的革命性变革和经济社会发展方式的转变，低碳发展已成为世界潮流。

自工业革命以来，发达国家无节制地廉价消耗全球有限的化石能源等矿产资源，完成了工业化和现代化进程。其在创造了当今经济社会高度发达的“工业文明”的同时，也造成世界范围内化石能源和金属矿产资源日趋紧缺，并引发了以气候变化为代表的全球生态危机，付出了严重的资源和环境代价。在全球应对气候变化减缓碳排放背景下，世界范围内正在掀起能源体系变革和转型的浪潮。当前以化石能源为支柱的传统高碳能源体系，将逐渐被以新能源和可再生能源为主体的新型低碳能源体系所取代。人类社会的经济发展不能再依赖地球有限的矿物资源，也不能再过度侵占和损害地球的环境空间，要使人类社会形态由当前不可持续的工业文明向人与自然相和谐、经济社会与资源环境相协调和可持续发展的生态文明的社会形态过渡。

应对气候变化，建设生态文明，需要发展理念和消费观念的创新：要由片面追求经济产出和生产效率为核心的工业文明发展理念转变到人与自然、经济与环境、人与社会和谐和可持续发展的生态文明的发展理念；由过度追求物质享受的福利最大化的消费理念转变为更加注重精神文明和文化文明的健康、适度的消费理念；不再片面地追求GDP增长的数量、个人财富的积累和物质享受，而是全面权衡协调经济发展、社会进步和环境保护，注重经济和社会发展的质量和效益。经济发展不再盲目向自然界摄取资源、排放废物，而要寻求人与自然和谐相处的舒适的生活环境，使良好的生态环境成为最普惠的公共物品和最公平的社会福祉。高质量的生活水平需要大家共同拥有、共同体验，这将促进社会公共财富的积累和共享，促进世界各国和社会各阶层的合作与共赢。因此，传统工业文明的发展理论和评价方法学已不能适应生态文明建设的发展理念和目标，需要发展以生态文明为指导的发展理论和评价方法学。

政府间气候变化专门委员会（IPCC）第五次评估报告在进一步强化人为活动的温室气体排放是引起当前气候变化的主要原因这一科学结论的同时，给出全球实现控制温升不超过2℃目标的排放路径。未来全球需要大幅度减排，各国经济社会持续发展都将面临碳排放空间不足的挑战。因此，地球环境容量空间作为紧缺公共资源的属性日益凸显，碳排放空间将成为比劳动力和资本更为紧缺的资源和生产要素。提高有限碳排放空间利用的经济产出价值就成为突破资源环境制约、实现人与自然和谐发展的根本途径。广泛发展的碳税和碳市场机制下的“碳价”将占用环境容量的价值显性化、货币化，将占用环境空间的社会成本内部化。“碳价”信号将引导社会资金投向节能和新能源技术，促进能源体系变革和经济社会低碳转型。能源和气候经济学的发展越来越关注“碳生产率”的研究，努力提高能源消费中单位碳排放即占用单位环境容量的产出效益。到2050年世界GDP将增加到2010年的3倍左右，而碳排放则需要减少约50%，因此“碳生产率”需要提高6倍左右，年提高率需达4.5%以上，远高于工业革命以来劳动生产率和资本产出率提高的速度。这需要创新的能源经济学和气候经济学理论来引导能源的革命性变革和经济发展方式的变革，从而实现低碳经济的发展路径。

经济发展、社会进步、环境保护是可持续发展的三大支柱，三者互相依存。当前应对气候变化的关键在于平衡促进经济社会持续发展与管理气候风险的关系。气候变化使人类面临不可逆转的生态灾难的风险，而这种风险的概率和后果以及当前适应和减缓行动的效果都有较大的不确定性。国际社会对于减排目标的确立和国际制度的建设是在科学不确定情况下的政治决策，因此需要系统研究当前减缓气候变化成本与其长期效益之间的权衡和分析方法；研究权衡气候变化的影响和损害、适应的成本和效果、减缓的投入和发展损失之间关系的评价方法和模型手段；研究不同发展阶段国家的碳排放规律及减缓的潜力、成本与实施路径；研究全球如何公平地分配未来的碳排放空间，权衡"代际"公平和"国别"公平，从而研究和探索经济社会发展与管控气候变化风险的双赢策略。这些既是当前应对气候变化的国际和国别行动需要解决的实际问题，也是国际科学研究的重要学术前沿和方向。

当前，国际学术界出现新气候经济的研究动向，不仅关注气候变化的影响与损失、减排成本与收益等传统经济学概念，更关注控制气候风险的同时实现经济持久增长，把应对气候变化转化为新的发展机遇；在国际治理制度层面，不仅关注不同国家间责任和义务的公平分担，更关注实现世界发展机遇共享，促进各国合作共赢。理论和方法学研究在微观层面将从单纯项目技术经济评价扩展到全生命周期的资源、环境协同效益分析，在宏观战略层面将研究实现高效、安全、清洁、低碳新型能源体系变革目标下先进技术发展路线图及相应模型体系和评价方法，在国际层面将研究在"碳价"机制下扩展先进能源技术合作和技术转移的双赢机制和分析方法学。

我国自改革开放以来，经济发展取得举世瞩目的成就。但快速增长的能源消费不仅使我国当前的$CO_2$排放已占世界1/4以上，也是造成国内资源趋紧、环境污染严重、自然生态退化形势严峻的主要原因。因此，推动能源革命，实现低碳发展，既是我国实现经济社会与资源环境协调和可持续发展的迫切需要，也是应对全球气候变化、减缓$CO_2$排放的战略选择，两者目标、措施一致，具有显著的协同效应。我国统筹国内国际两个大局，积极推动生态文明建设，把实现绿色发展、循环发展、低碳发展作为基本途径。自"十一五"以来，制定实施并不断强化积极的节能和$CO_2$减排目标及能源结构优化目标，并以此为导向，促进经济发展方式的根本性转变。我国也需要发展面向生态文明转型的创新理论和分析方法作为指导。

先进能源的技术创新是实现绿色低碳发展的重要支撑。先进能源技术越来越成为国际技术竞争的前沿和热点领域，成为世界大国战略必争的高新科技产业，也将带来新的经济增长点、新的市场和新的就业机会。低碳技术和低碳发展能力正在成为一个国家的核心竞争力。因此，我国必须实施创新驱动战略，创新发展理念、发展路径和技术路线，加大先进能源技术的研发和产业化力度，打造低碳技术和产业的核心竞争力，才能从根本上在全球低碳发展潮流中占据优势，在国际谈判中占据主动和引导地位。与之相应，我国也需要在理论和方法学研究领域走在前列，在国际上发挥积极的引领作用。

应对气候变化关乎人类社会的可持续发展，全球合作行动关乎各国的发展权益和国际义务。因此相关理论、模型体系和方法学的研究非常活跃，成为相关学科的前沿和热点。由于各国研究机构背景不同，思想观念和价值取向不同，尽管所采用的方法学和分析模型大体类似，但各自对不同类型国家发展现状和规律的理解、把握和判断的差异，以及各自模型运转机理、参数选择、政策设计等主观因素的差异，特别是对责任和义务分担的“公平性”的理念和度量准则的差异，往往会使研究结果、结论和政策建议产生较大差别。当前在以发达国家研究机构为主导的研究结果和结论中，往往忽略发展中国家的发展需求，高估了发展中国家减排潜力而低估了其减排障碍和成本，从而过多地向发展中国家转移减排责任和义务。世界各国国情不同、发展阶段不同，可持续发展优先领域和主要矛盾不同，因此向低碳转型的方式和路径也不同。各国在全球应对气候变化目标下实现包容式发展，都需要发展和采用各具特色的分析工具和评价方法学，进行战略研究、政策设计和效果评估，为决策和实施提供科学支撑。因此，我国也必须自主研发相应的理论框架、模型体系和分析方法学，在国际学术前沿占据一席之地，争取发挥引领作用，并以创新的理论和方法学，指导我国向绿色低碳发展转型，实现应对全球气候变化与自身可持续发展的双赢。

本译丛力图选择翻译国外最新最有代表性的学术论著，便于我国相关科技工作者和管理干部掌握国际学术动向，启发思路，开拓视野，以期对我国应对全球气候变化和国内低碳发展转型的理论研究、政策设计和战略部署有参考和借鉴作用。

**何建坤**

2015年4月25日

# ↘前 言

本书利用来自176个国家的石油产品、天然气、煤炭和电力等领域的数据，对世界能源补贴做出了迄今为止最为全面的分析。本书基于22个国家的案例分析以及其他机构的研究成果，展开了“如何进行”能源补贴改革的分析，并对这些国家的改革经历逐个进行了分析和总结性陈述，得出的主要结论如下：

能源补贴具有广泛的经济影响。虽然补贴旨在保护消费者，但会使财政收支平衡恶化，挤占优先领域的公共支出，抑制私人投资（包括能源领域的投资）。同时，能源补贴鼓励能源过度消费，人为地促进了资本密集型产业发展，减少了对新能源投资的激励，并加速了自然资源的耗竭，因此会造成资源配置的扭曲。另外，大部分补贴的收益被高收入家庭得到，加重了不平等。不断增加的能源消费导致全球变暖并引发破坏效应，甚至危及子孙后代。

能源补贴现象普遍存在，给大部分国家和地区带来了较大的财政和经济成本。从税前来看，2011年石油产品、电力、天然气和煤炭的补贴总额达4 920亿美元（占全球GDP的0.7%或政府财政收入总额的2%）。在石油输出国，补贴成本尤其高昂，占到了全球补贴总成本的2/3。从税后来看（考虑了能源消费的负外部性），能源补贴更高，达2万亿美元（占全球GDP的2.9%或政府财政收入总额的8.5%）。发达经济体的税后补贴约占全球税后补贴总额的40%，而石油出口国约占1/3。取消税后补贴以后，二氧化碳排放量将下降15%，并且由于减少全球能源需求而产生正向的溢出效应。

各国的经验表明，有效的补贴改革需具备六大核心要素：（1）一个能源部门的全面改革计划，包括清晰的长期目标、对改革影响的评估以及与利益相关方的磋商；（2）一个旨在提升透明度的广泛的宣传策略，如发布补贴相关信息以及在政府预算中记载补贴项目；（3）适当地、分阶段地提高价格，根据不同的能源品种有序实施；（4）提高国有企业的效率，从而减少生产者补贴；（5）保护低收入群体的针对性措施；（6）能源定价“去政治化”的制度性改革，如引入自动定价机制。

# 致 谢

我们谨此向所有撰稿人表示感谢，他们的辛勤工作和奉献成就了这本书。本书也得益于国际货币基金组织各部门的同事以及来自以下组织的研讨会参与者的建议，包括亚洲开发银行、伦敦政治经济学院格兰瑟姆气候变化与环境研究所、国际能源署、经济合作与发展组织、彼得森国际经济研究所、世界银行和世界野生动物基金会。我们同时感谢国际能源署和世界银行提供的宝贵的数据库访问支持。

我们要感谢国际货币基金组织传媒部门的迈克尔·哈路普（Michael Harrup）和肖恩·卡尔亨（Sean Culhane）参与本书的编辑与制作，也要感谢皮埃尔·让·艾伯特（Pierre Jean Albert）、杰弗里·皮巧奇（Jeffrey Pichocki）和米列娃·拉蒂撒维利杰维克（Mileva Radisavljevic）在整个过程中给予的行政支持，还要感谢路易斯·西尔斯（Louis Sears）、卡尔玛尔·克里希纳（Kamal Krishna）和丽拉·内梅特（Lilla Nemeth）为我们提供的极好的研究协助。

本内迪克特·克莱门茨（Benedict Clements）

大卫·科迪（David Coady）

斯蒂芬妮·法布里齐奥（Stefania Fabrizio）

圣吉夫·古普塔（Sanjeev Gupta）

特雷弗·阿莱恩（Trevor Alleyne）

卡洛·萨德莱列维奇（Carlo Sdralevich）

# ↘目　录

[第1章]

# 引言与背景

特雷弗·阿莱恩、本内迪克特·克莱门茨、大卫·科迪、斯蒂芬妮·法布里齐奥、圣吉夫·古普塔、卡洛·萨德莱列维奇

近期国际能源价格暴涨，加之国内价格传导不全，取消能源补贴的呼声①不断。过去3年间，国际能源价格（除天然气）普遍大幅上涨（见图1-1）。然而许多处于中低收入水平的经济体却一直不愿调整国内能源价格以反映国际能源成本的上涨，由此导致财政成本大幅增加，这进一步加大了这些国家面对国际价格上涨时的财政风险。发达经济体的价格转嫁相对较高，而能源价格仍然较低，不足以完全反映能源消费在环境、公众健康和交通拥堵方面所造成的外部性。

本书的写作目的主要包括两个方面：一是从全球各国的改革经历中提炼能源补贴改革的最佳策略；二是通过总结22个国家的案例研究，揭示在特定国情背景下的成功与失败。本书的一大特色在于提供了迄今为止最为全面的能源补贴评估，涵盖了石油产品、电力、天然气和煤炭。本书研究的核心目标是汲取过去补贴改革经历中的经验与教训，从而发掘能推动改革的政策设计关键要点。

---

① 2009年9月，《G20国匹兹堡公报》呼吁所有国家取消无效率的化石燃料补贴。在2012年G20国洛斯卡沃斯会议上重申了该承诺。

## 1.1 全球补贴格局

为了有效探讨能源补贴，需要对补贴进行定义，尤其考虑到并非所有的补贴都被记录在政府预算支出中。补贴的完整范围包括消费者补贴和生产者补贴两类。第一类同时适用于中间消费者（企业）和最终消费者（家庭），第二类则适用于能源生产者，包括石油产品、煤炭、天然气和电力生产者。消费者补贴包含两部分：一部分为税前补贴，产生于当企业或家庭所支付的价格低于供给及配售成本时；另一部分为税收补贴，即税收低于有效水平的情况，能源产品应当征收消费税和用于纠正能源使用环境及其他外部性（如全球变暖和本地污染）的庇古税。第2章将进一步定义这些构成部分，并同时给出本研究中用于衡量176个国家的预算内及预算外能源补贴的方法。

本研究发现税前补贴主要出现在发展中国家和新兴经济体，其中石油输出国补贴最高。补贴紧随国际能源价格轨迹而发生变化，曾在金融危机后随着国际能源价格的暴跌而下降，但自2009年起又开始一路攀升（见图1-1）。从全球来看，这些补贴的总额巨大，2011年约为4 920亿美元，超过政府收入总额的2%。

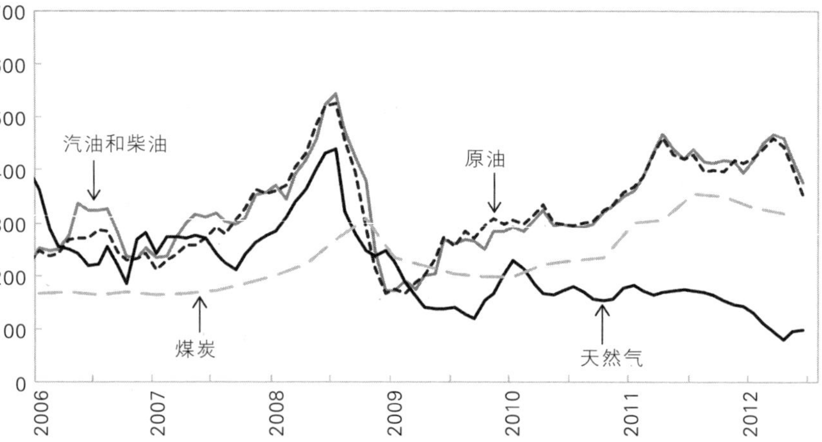


图1-1 2006—2012年国际石油、煤炭和天然气价格（2000年1月=100）

国际能源价格（除天然气）自2008—2009年全球金融危机后有所回升。

资料来源：国际货币基金组织，《世界经济展望（WEO）》；经济合作与发展组织（OECD）；美国能源信息署（EIA）。

注：煤炭价格为季度美国进口价格（EIA）和季度经济合作与发展组织进口价格（IEA/OECD）的平均值。天然气价格为月度美国进口价格和出口价格（EIA）的平均值；这些价格为液化天然气和管道天然气的加权平均值。原油价格为月度布伦特、迪拜和西得克萨斯中质价格（WEO/初级商品价格系统）的平均值。汽油价格为月度纽约港传统汽油现货价格（EIA），柴油价格是月度洛杉矶超低硫柴油（CARB）现货价格（EIA），并取汽油和柴油价格的平均值。

## 1.2　能源补贴的影响

能源补贴具有广泛的经济影响。补贴开支会使财政收支平衡恶化，挤占优先领域的公共支出和私人投资（包括能源领域内的投资）。能源价格过低会扭曲资源配置，表现在鼓励过度的能源消费、人为促进资本密集型产业（这会减少就业创造）、降低可再生能源投资激励并加速自然资源耗竭。补贴拉动能源消费增长，给能源净进口国的国际收支平衡带来压力，同时为不法分子向能源价格较高的邻国走私能源提供便利。

由于大部分补贴的利益被高收入家庭获取，能源补贴具有重要的分配效应，这一点常常不被重视。由于增长所需的核心投入要素减少，以及过多的能源消费加重了二氧化碳排放并使全球变暖，这甚至会危及人类的子孙后代。

第3章评述了以上所有的问题，重点强调了补贴的财政成本、对宏观经济和环境的负面影响，以及补贴的累退性分配效应对公平的负面影响。

## 1.3　改革的挑战与成效

能源补贴改革通常是艰难的。补贴改革是国际货币基金组织员工与成员国的高频议题，有时甚至持续数十载。对受补贴的能源进行价格调整常常引发受益者的广泛公开抗议，导致价格上涨被完全或部分调回[①]。补贴改革缺乏公众支持在一定程度上反映出人们不仅对政府再分配预算节省额以惠及大众的能力缺乏信心，而且对弱势群体缺乏保障表示担忧。

改革对于石油输出国的挑战尤为艰巨，因为补贴被视为一种向人民分配自然资源禀赋福利的机制。另外，这些国家通常缺乏针对社会保障项目的管理能力。政府也担心提高国内能源价格会导致通货膨胀或降低国内产品的国际竞争力。此外，当补贴改革需要同时致力于减少低效率和降低生产成本时，其将变得复杂，在电力部门常常是这种情况。

第4章基于国际货币基金组织工作人员所作的案例研究，结合国际货币基金组织以往的分析[②]以及其他机构的分析[③]见解，从22个国家的改革经历中总结经验和教训，涵盖了28个改革事件。选取的经历包括了在过去二十载中成功的与失败的改革事件，涵盖了众多国家不同的能源产品。在一些案例中，政府通过对居民和企业提高能源价格或提升国有企业的效率来降低补贴的财政负担。有些国家力图降低税前补贴，而另一些国家试图将能源税调整到更高的水平。

本研究包含这样的案例：有的国家成功地实施了改革，实现了补贴的永久性持续下降；有的国家取得部分成效，补贴下降持续了至少一年，但其后又出现反弹或成为未决政策问题；还有一些则失败了，提价或改进效率的努力被迅速逆转。在所选取的28个改革事件中，有12个被认为是成功的，有11个被认为是部分成功的（通常由于改革实施不全或者反复），还有5个被认为是失败的。

---

① 改革逆转（由于公众抗议，上涨的价格很快被部分甚至完全调回）的例子，包括玻利维亚（2010）、喀麦隆（2008）、尼日利亚（2012）、委内瑞拉（1989）和也门（2005）。本书第5章和第7章的案例研究中将分别对尼日利亚和也门进行讨论。

② 包括Gupta等（2000）、Coady等（2006）、国际货币基金组织（2008a）、Coady等（2010）以及Arze del Granado、Coady和Gillingham（2012）。

③ 包括全球补贴计划（Global Subsidies Initiative）(2010)、联合国环境规划署（United Nations Environment Program）和国际能源署（International Energy Agency ）(2002)、联合国环境规划署（United Nations Environment Program）(2008)、世界银行(2010b)以及Vagliasindi (2013)。

## 1.4　国家案例研究

在22个包括石油产品、电力和煤炭的案例研究中，本书提供了具体的政治经济背景和改革所作努力的细节，在国家的选取上确保涵盖了世界不同地区，包含了多种改革结果。同时，样本的选取也反映出数据是可获得的，而且关于特定国家改革的历史书面证据也具有可获得性。其中，燃油补贴案例较多地使用了这类改革数据，而且其在过往研究中被广泛获得。

在这22个案例研究中，14个着眼于燃油补贴改革，7个针对电力部门改革，还有1个涉及煤炭部门改革。研究对象涵盖了7个来自撒哈拉以南的非洲国家（第5章），5个来自新兴发展中的亚洲国家（第6章），3个中东和北非国家（第7章），4个拉丁美洲和加勒比地区的国家（第8章），以及3个中东欧和独立国家联合体的国家（第9章）。在28个改革事件中，有14个实施了国际货币基金组织支持的项目，除2个项目外，这些项目均包含能源补贴改革条款。

[第2章]

# 能源补贴的定义与度量

大卫·科迪、斯蒂芬妮·法布里奇奥、蒙塔兹·侯赛因、尚保平、尤尼斯·邹哈尔

## 2.1 定义与度量

能源补贴包括消费者补贴和生产者补贴两类。消费者补贴是指包括企业（中间消费者）和家庭（终端消费者）在内的消费者所支付的价格低于供应成本（含运输成本和分销成本）的差额。而生产者补贴是指消费者支付的价格高于供应成本的差额[①]。如果某种能源产品属于国际贸易品，如石油产品，供应成本的测算基于国际价格[②]。对于燃油产品的净进口国，供应成本是进口燃油的总成本；而对于净出口国，供应成本是未能出口的产品所放弃的收入或机会成本。

如果某种能源产品基本属于非贸易品（如大多数国家的电力），相应的供应成本为国内生产商的成本回收价格，包括正常的资本回报和分销成本。这种度量消费者补贴的方法通常被称为“价差法”（Koplow,

① 生产者补贴的计算应包括在生产投入上的所有补贴。

② 一些燃油产品出口商的炼油厂使用国内原油作为原料，如果这些出口商能够获得有补贴的原油，其燃油产品的实际生产成本可能会低于供应成本。

2009)，在其他国际机构的分析中被广泛应用。大多数经济体中同时存在生产者补贴和消费者补贴，虽然在实际中可能难以将二者分离。“价差法”的优点在于其亦有利于衡量隐性的消费者补贴，例如石油出口国对其国民以低于国际市场通行的价格提供石油产品所产生的消费者补贴。

消费者补贴包括两个组成部分：一是企业和家庭所支付的价格低于供应和分销成本时的税前补贴；二是当税收低于有效水平时的税收补贴。专栏2.1介绍了这两部分的计算方式。大多数经济体通过征收消费税来获得收入，以维持公共支出。有效的税收要求对包括能源产品在内的所有消费征税。有效的能源税收还应包括纠正性税收以反映由于能源使用所带来的环境和其他方面的负外部性，如全球变暖和本地污染①。以下讨论同时关注了税前补贴和税后补贴，后者包括有效税收的溢价。

**专栏2.1　税前消费者补贴与税后消费者补贴**

消费者补贴是指能源产品的供应成本（包括运输成本和分销成本）与能源消费者（包括作为最终消费者的家庭和中间消费者的企业）支付的价格之间的差额。消费者补贴有两种概念：税前补贴和税后补贴。

计算国际贸易商品的税前补贴（如本书中列举的成品油），供应成本为包含运输和分销成本在内的国际价格[1]（$P_W$），从而

税前补贴 $= P_W - P_C$

其中，$P_C$为消费者支付的价格。如果商品或服务为非国际贸易品，如电力在大多数国家的情况，那么供应成本则采用成本回收价格（如发电、输电和配电的成本）。此时，税前补贴的计算同上，但$P_W$为成本回收价格。税前补贴仅存在于消费者支付价格低于供应成本（$P_C < P_W$）的国家。

税后补贴的计算包括进行有效税收水平的调整（$t^* > 0$），用以反映税收需要并纠正用能的负外部性：

---

① 这些税收通常被称为“庇古税”或“纠正税”。在本书中，将只报告这些税收补贴的大致估计额。即将发表的来自国际货币基金组织财政事务部的研究将提供具体国家的更为细致的估计。

税后补贴＝（$P_W+t^*$）$-P_C$

其中，$P_W$和$P_C$的定义如上。因此，当存在税前补贴时，税后补贴等于有效的税收加上税前补贴。而当不存在税前补贴时，税后补贴则等于有效税收与实际税收之间的差额。

[1]当成品油为进口商品时，供应成本为国际离岸价格加上运输到该国边界的运费以及国内分销的费用。而当产品为出口商品时，供应成本定义为不出口产品所放弃的收入，亦即国际离岸价格减去产品海外运输成本（因产品被国内消费未出口而节省了该成本），加上国内分销成本。

能源补贴虽不一定反映在政府预算中，最终却一定需要有人支付。补贴是否反映在预算中以及如何反映，取决于补贴的承担对象以及融资方式。例如，税前消费者补贴的成本可能由以低于供应成本价格出售电力或石油产品的国有企业承担。如果政府通过转移支付全额弥补这些损失，消费者补贴将通过提高税收、增加债务或更高的通货膨胀（债务货币化的情况）融资，以支出形式反映在预算中。然而，在许多情况下，补贴由国有企业融资，表现为经营损失或利润下降、给政府的纳税减少、对供应商的支付持续拖欠，或三者兼有。

另外，消费者补贴的成本也可以通过受补贴的能源投入来弥补，其成本则再次转嫁给政府。实际上，各国补贴资金的融资以及在预算中的反映方式有所不同，并且可能随着时间而发生改变。例如，印度尼西亚、约旦和马来西亚的燃油补贴完全记录在预算中，但苏丹和也门仅记录了一部分，安哥拉则全在预算外。在印度，燃油补贴在预算中的记录范围有所改变（见专栏2.2）。总之，得有人以这样或那样的方式来支付补贴的成本。

**专栏2.2　印度的燃油补贴融资**

印度国内燃油价格没有跟上国际油价上涨的步伐，引起消费者价格补贴。由于2007—2008年燃油进口价格急剧上涨，补贴最高时即2008/2009财政年度（财年）超过了GDP的2%。随着2008年下半年国际价格暴跌，在2009/2010财年，补贴也大幅下跌至略低于GDP的0.9%。然而，随着国际价格在过去3年中反弹，补贴又开始攀升，达到2011/2012财年的接近GDP的2%。

燃油补贴有不少融资渠道，其中包括预算外的资金来源。补贴首先由国有石油销售公司支付，这些公司以补贴价格向消费者销售燃油产品。这些石油销售公司的损失有多种补偿方式。在2007/2008财年，只有不到一半的资金被记录在预算中，其余资金则在预算外。预算内转移的主要形式是为石油销售公司发行所谓政府石油债券，而给石油销售公司的直接预算转移微乎其微。预算外融资则通过上游从事原油生产的国有企业的转移支付以及石油销售公司自筹进行分担。实际上，石油销售公司采用销售其他不受监管的燃油产品的部分利润来弥补补贴的损失。到2011/2012财年，所有预算内资助都采取了对石油销售公司直接预算转移的形式，约占补贴总额的3/5，其余部分则由上游转移支付进行融资。

### 2.1.1　税前补贴

本书使用“价差法”对176个国家的石油产品补贴进行了计算，数据来自由国际货币基金组织工作人员、经济合作与发展组织（OECD）和德国国际合作机构（GIZ）汇编的2000—2011年的数据，测算了汽油、柴油和煤油的消费者补贴，并对12个经济合作与发展组织国家计算了生产者补贴。详情可见附录A。

本书对56个国家的天然气和煤炭补贴进行了估算，主要基于“价差法”。2007—2011年的数据基本上来自国际能源署。本书还测算了16个经济合作与发展组织国家的煤炭生产者补贴。

本书采用不同的方法估算了77个国家的电力补贴。对于非洲、中东和欧洲新兴市场的某些国家，生产者补贴和消费者补贴的联合估计来自世界银行和国际货币基金组织的各种报告。对于这些国家，补贴的计算基于国内平均价格和成本回收价格（包括生产和投资成本以及配送损失和偷逃电费）。对于其他国家，消费者价格补贴的数据来自国际能源署，基于“价差法”测算。

### 2.1.2 税后补贴

本书对供给成本进行纠正性税收和财政收入调整后来估计税后补贴，借鉴其他研究，粗略估算了纠正性税收，以此来反映能源消费对全球变暖、因本地污染的负面作用而给公众健康、交通拥堵和事故、道路损坏带来的影响。二氧化碳排放引起的全球气候变暖损害的估计值差别很大（见附录A）。借鉴美国跨部门工作组（United States Interagency Working Group）（2013）对碳排放社会成本进行的一项颇为详尽且具有影响力的研究，我们的计算假设每吨二氧化碳排放的全球变暖损害成本为36美元。对于最终消费的税后补贴计算，假设能源产品在纠正性税收外亦需缴纳经济体的一般性消费税（从价税）。该估计是基于150个国家2011年的增值税税率。对于无增值税的国家，则以该地区收入水平相近国家的平均增值税税率作为替代。

### 2.1.3 注意事项

这些估计可能低估能源补贴，应慎重解读。第一，并非所有国家和所有产品的生产者补贴数据都可获得[①]。第二，液化石油气的消费者补贴因缺乏数据不包括在内。第三，燃油补贴的估计是基于企业和家庭在某一个时点上支付的价格（年底）或季末平均价格（如果数据可获得）。第四，不同国家电力、天然气、煤炭的估计不具有完全的可比性，因为数据来源与估算方法不同。第五，计算依赖于假设各个国家的运输和分销利润相近。第六，鉴于上述因素，我们估计的补贴值可能与国家预算资料中所发布的不同，包括本书案例研究中给出的。第七，纠正性税收的估计仅仅基于几个国家而且假设这几个国家的税收随国家收入水平变化。然而，构建能源补贴规模的广阔前景将涵盖尽可能多的国家和产品，这一优点足以弥补这些不足。

---

① 实际上，识别生产者补贴可能特别困难，因其往往采取差别税收待遇以及特定部门免税的形式。

## 2.2 税前补贴

### 2.2.1 能源补贴的规模

全球税前能源补贴很严重。补贴估计值包括被明确记录在预算中的和那些预算外隐性的。能源补贴紧随国际能源价格的变化而演变（见图2-1）。虽然补贴随国际能源价格的暴跌而下降，但自2009年起又开始攀升。2011年，全球税前补贴额达到4 920亿美元（相当于全球GDP的0.7%或超过政府收入总额的2%）。石油和电力补贴分别约占补贴总额的45%和30%，其余大部分则来自天然气，煤炭补贴相对较少，约为65亿美元。

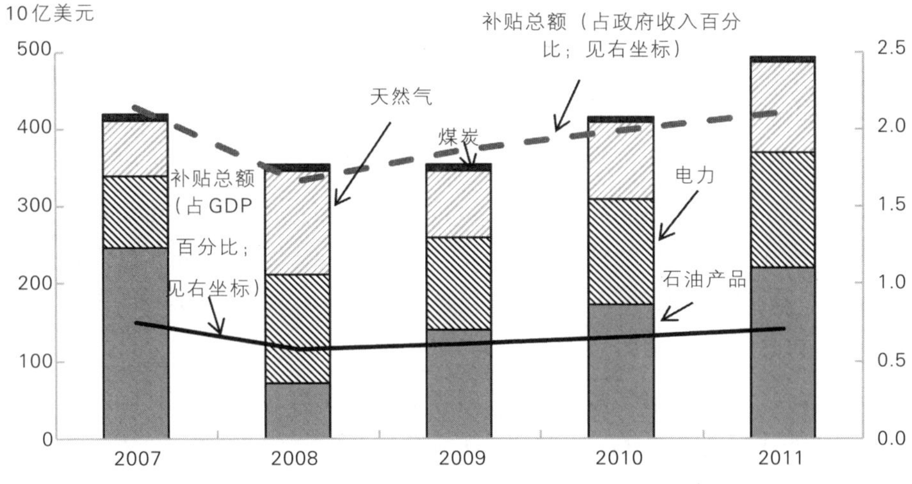


图2-1 2007—2011年税前能源补贴

能源补贴自2008—2009年的金融危机开始飙升，并紧随国际能源价格而变化。

资料来源：德国国际合作机构（GIZ）；国际货币基金组织工作人员估计；国际货币基金组织，《世界经济展望》；国际能源署（IEA），《世界能源展望2012年》；经济合作与发展组织；世界银行。

注：数据是基于可获得的最新年度数据。补贴总额占GDP和财政收入的百分比的计算方法分别为总认定补贴除以全球GDP和财政收入。

### 2.2.2 税前补贴的地理分布

税前补贴主要出现在发展中国家和新兴经济体。石油出口国（大部分是发展中国家或新兴经济体）往往补贴最多。该结论不仅在以绝对量衡量补贴时成立，而且在按照占GDP的比重和人均标准衡量补贴时也成立。

中东和北非地区约占全球能源补贴的48%（见图2-2和附录中表A-2）。其能源补贴总额超过地区GDP的8.5%或政府收入总额的22%，其中一半为石油产品补贴。地区平均值隐藏了国家间的显著差异，在该地区20个国家中，有12个国家的能源补贴占到GDP的5%甚至更多。该地区石油出口国和石油进口国的补贴均很高（见图2-3）。

新兴发展中的亚洲国家占到全球能源补贴的20%以上。其能源补贴总额接近地区GDP的1%或政府收入总额的4%，其中，石油产品和电力补贴占能源补贴总额的比重接近90%。能源补贴超过GDP的3%的有4个国家：孟加拉国、文莱、印度尼西亚和巴基斯坦。

中东欧和独立国家联合体的国家占全球能源补贴的15%左右，包括全球最高比例（近35%）的天然气补贴。其能源补贴总额超过地区GDP的1.5%或政府收入总额的4.5%，其中，天然气和电力占95%左右。能源补贴超过GDP的5%的国家有4个：吉尔吉斯共和国、土库曼斯坦、乌克兰和乌兹别克斯坦。

拉丁美洲和加勒比地区约占全球能源补贴的7.5%（约为地区GDP的0.5%或政府收入总额的2%），其中，石油补贴占比近65%。有2个国家的能源补贴超过了GDP的5%：厄瓜多尔和委内瑞拉。

撒哈拉以南非洲地区占全球能源补贴的大约4%。其能源补贴总额达到地区GDP的1.5%或政府收入总额的5.5%，其中，电力补贴占70%以上。能源补贴超过GDP的4%的有3个国家：莫桑比克、赞比亚和津巴布韦。

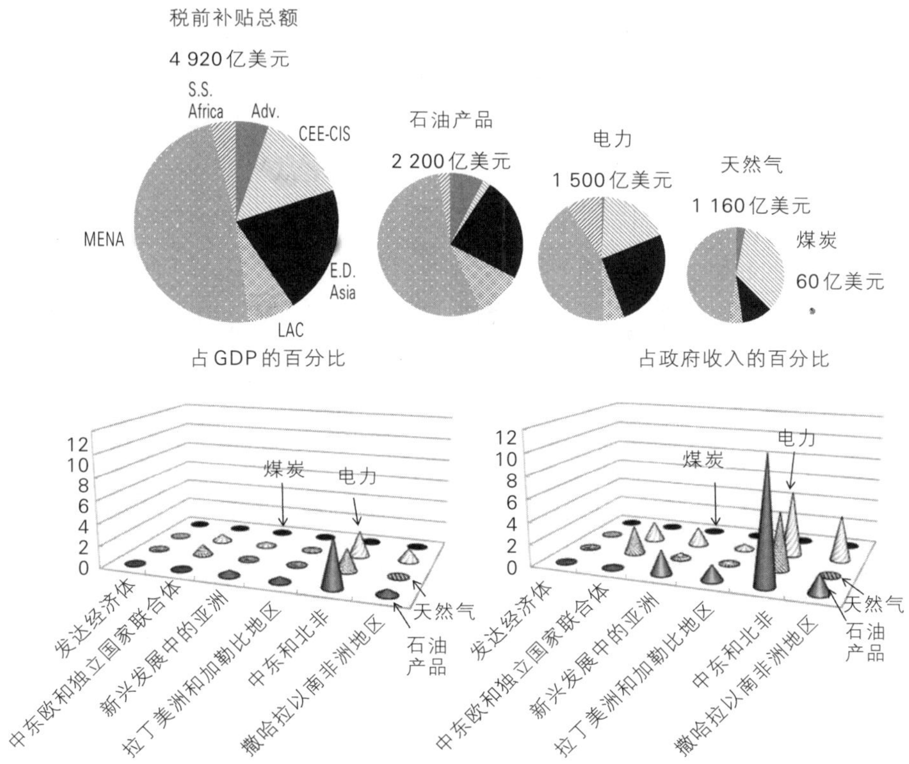


图2-2　2011年分地区税前能源补贴

能源补贴主要集中在中东和北非、中东欧以及新兴发展中的亚洲。

资料来源：德国国际合作机构；国际能源署，《世界能源展望2012年》；国际货币基金组织，《世界经济展望》；国际货币基金组织工作人员估计；经济合作与发展组织；世界银行。

注：电力数据为可获得的最新年度数据。补贴总额占GDP和财政收入的百分比的计算方法分别为总认定补贴除以全球GDP和财政收入。CEE-CIS：中东欧和独立国家联合体；E.D. Asia：新兴和发展中的亚洲；LAC：拉丁美洲和加勒比地区；MENA：中东和北非。

综上所述，税前补贴普遍存在，给大多数发展中国家和新兴地区造成了大量的财政成本。补贴在中东和北非最为突出，尤其是石油出口国。由于能源消费会随收入的增加而上升，目前在全球份额中占比较小的地区的补贴规模也可能会攀升，如撒哈拉以南非洲地区。

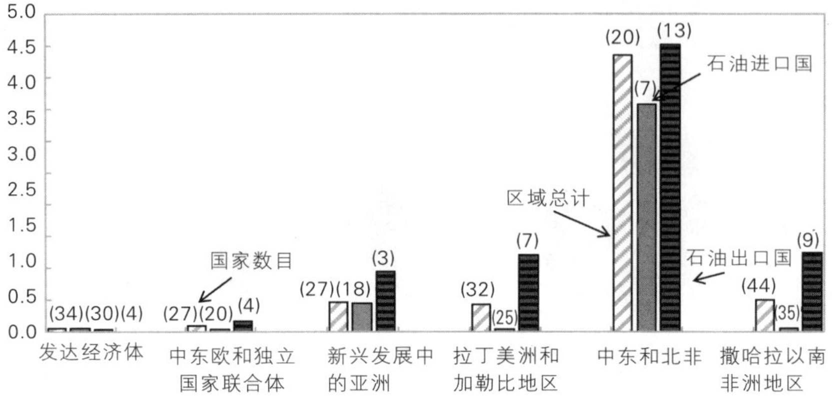


图2-3 2011年石油进口国和出口国的石油税前补贴（占GDP的百分比）

石油产品补贴在石油输出国普遍更高。

资料来源：德国国际合作机构；国际能源署，《世界能源展望2012年》；国际货币基金组织，《世界经济展望》；国际货币基金组织工作人员估计；经济合作与发展组织；世界银行。

注：补贴占GDP的百分比的计算方法为认定补贴额除以地区GDP。每个类别中的国家数目列于括号内。

## 2.3 税后补贴

根据定义，税后能源补贴比税前补贴多得多，2011年达到2.0万亿美元，即大约为全球生产总值的2.9%或政府收入总额的8.5%[①]。以含税标准来度量，几乎世界上所有的经济体都存在某种形式的能源补贴，其中包括34个发达经济体。对某些能源产品而言，如煤炭，税后补贴额巨大，因其价格远低于消除环境和健康负外部性所需的价格水平。能源产品比其他产品征税要少得多的事实也造成了较高的税后补贴水平。例如，在中东和北非，对能源按照其他商品和服务相同的税率征收增值税或销售税将达到GDP的0.75%。从全球来看，税前补贴约占1/4，而税后补贴约占3/4（见图2-4）。发达经济体税后补贴占全球总量的40%左右。从绝对数量来

① 税后补贴数据通过单位补贴乘以2011年的能源消费量计算。鉴于能源消费量的下降，通过取消补贴获得的收入将低于这一数额。

看，世界补贴排名前三的国家分别是美国（4 100亿美元）、中国（3 530亿美元）和俄罗斯（1 360亿美元）。

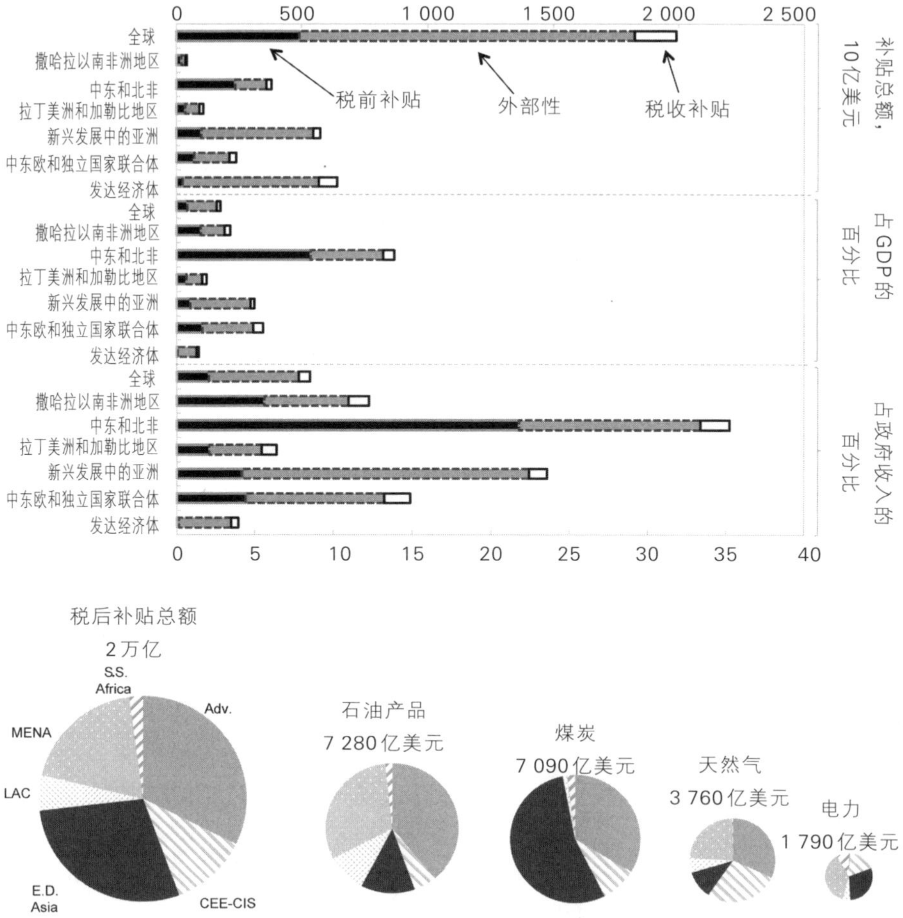


图2-4　2011年能源补贴的税收和外部性调整

在纳入外部性和税收因素后，能源补贴大幅增加。

资料来源：德国国际合作机构；国际能源署，《世界能源展望2012年》；国际货币基金组织，《世界经济展望》；国际货币基金组织工作人员估计；经济合作与发展组织；世界银行。

注：VAT是指当对能源产品征收的增值税税率低于经济的标准增值税税率时所产生的税收补贴（见附录A）。电力补贴估计采用的是可获得的最新年度数据。计算补贴占GDP和财政收入比重的方法分别为认定补贴额除以全球或区域GDP和财政收入。

[第3章]

# 宏观经济、环境和社会的影响

安德雷斯·鲍尔、大卫·科迪、阿尔瓦·康古尔、克里斯汀·若兹、埃德加多·鲁杰罗、卡洛·萨德莱列维奇、苏韦德尔·辛格、毛利西奥·维拉弗尔蒂

## 3.1 补贴如何抑制增长

能源补贴通过一系列方式抑制经济增长。补贴对经济增长的负面作用并非仅限于对财政收支平衡和公共债务的影响（Kumar和Woo，2010），还可能抑制能源领域的投资，挤占促进经济增长的其他公共支出，刺激和诱发走私，并在长期中削弱私营部门的竞争力。

补贴可能抑制能源领域的投资。补贴下的低能源价格会导致生产者的利润降低或直接导致损失，使得国有企业难以扩大生产规模，也无法吸引私营部门进行短期或长期投资（见专栏3.1）。其后果是严重的能源短缺，经济活动受阻[①]。

---

① 家庭和公司为解决电力短缺都花费了很多，包括购买发电机。以刚果共和国为例，私人家庭和企业的发电机容量为公众发电机容量的近两倍。公司自行发电的成本为0.3~0.7美元/千瓦时，约为公共电网电力价格的三至四倍(Foster和Steinbuks，2008)。家庭的发电成本更高，原因在于家庭使用的发动机更小。

### 专栏3.1　撒哈拉以南非洲地区的电价补贴与经济增长

在撒哈拉以南非洲地区，电价补贴是巨大的，主要反映出高生产成本。补贴电价在30个样本国家的平均成本为国内生产总值的1.7%，在其中12个国家超过国内生产总值的2%。在2005—2009年，撒哈拉以南非洲地区的平均有效税率大约只有成本回收价格的70%。高补贴的主要驱动因素在于居高不下的成本，而非低零售价格。

电力供应商因价格补贴所遭受的损失已严重限制其投资新产能和改善服务质量的能力，这导致撒哈拉以南非洲地区（不包括南非）的人均装机容量大约只相当于南亚地区的1/3和拉丁美洲的1/10。类似地，撒哈拉以南非洲地区（不包括南非）的人均电力消费每月仅为10千瓦时，而发展中国家大约每月为100千瓦时，高收入国家是每月1 000千瓦时。

电力基础设施缺乏和电力短缺抑制了经济增长，并削弱了竞争力。电力基础设施薄弱与低生产力相关（Escribano、Guasch和Pena，2008）。例如，在至少18个撒哈拉以南非洲国家，潜在的发电和配电效率提升可减少该部门超过GDP的1%的成本。Calderón（2008）基于面板数据的模拟表明，如果撒哈拉以南所有非洲国家的电力基础设施在数量和质量上都得到改善而达到一个发展较好国家（如毛里求斯）的水平，长期人均增长率将提高2个百分点。

补贴可能挤占促进经济增长的公共支出。一些国家在能源补贴上的花费比在公共卫生和教育领域还多（见图3-1）。通过将补贴改革所释放的部分资源重新分配到更高效的公共支出，从长远来看可能有助于提振经济。

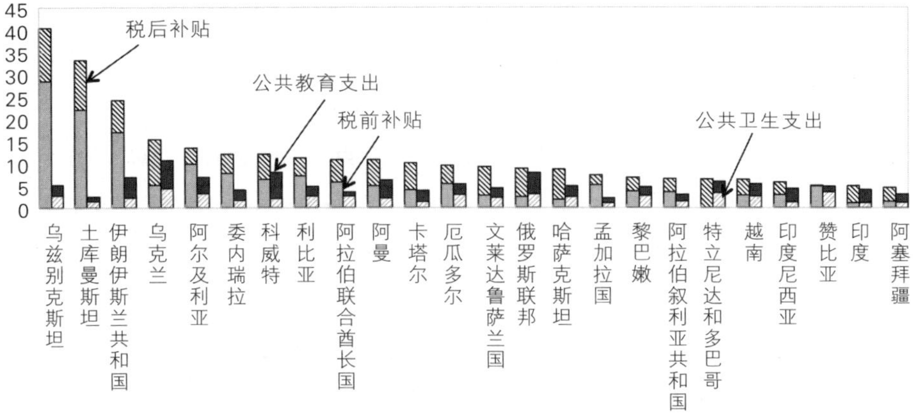


图3-1 2010年税后补贴和社会支出（占GDP的百分比）

许多国家的补贴额大大高于重要的社会支出。

资料来源：Clements、Gupta和Nozaki（2012）；国际能源署，《世界能源展望2012年》；国际货币基金组织工作人员估计；经济合作与发展组织；世界银行。

注：卫生和教育支出数据为2010年或最新可用数据。

补贴还在长期中削弱了私营部门的竞争力。补贴改革在短期内虽然将提高能源价格并增加生产成本，但从长远来看资源会再分配到能耗更低且更有效的活动中（见专栏3.2），有助于刺激就业增长。取消能源补贴有利于延长非可再生能源的使用，鼓励节能与替代技术的研发。补贴改革将会挤入私人投资（包括能源部门），有利于经济长期增长。

**专栏3.2 能源补贴改革与竞争力**

能源价格上涨对竞争力的短期影响取决于贸易部门的能源强度和竞争国家的能源价格情况。提高能源价格以削减补贴或在国际价格上涨的时候避免补贴的出现，将增加生产成本。对成本的影响因部门而异，这取决于各部门对能源的直接消费（如燃油产品）和间接使用（例如，使用燃油的中间投入品成本上升）（Gupta，1983；Dick等，1984）。例如，燃油价格上涨可能会导致电价上涨，接下来会影响到制造业的成本和产出（如Clements、Jung和Gupta，2007）。使用投入产出表可以追踪提高能源价格对成本和竞争力的直接与间接影响，并量化哪些部门所受的影响最大。能源价格上涨对一国竞争力的影响取决于与其处在同一市场中的国家的能源价格走势。例如，如果所有国家都将国际价格的上涨转嫁到国内价格，那么对生产成本的影响在各个国家可能是相似的。

对总体竞争力的负面影响可以通过恰当的宏观经济政策予以缓解。高成本能源持续抬高价格水平以及对竞争力造成负面影响的程度将取决于对工资及其他投入品价格的“第二轮”影响效应的强度（Fofana、Chitiga和Mabugu，2009）。如果价格水平相对于贸易伙伴发生上涨，真实汇率将会升值，导致竞争力下降。这些“第二轮”效应可以通过有利于稳定通胀预期的恰当的货币和财政政策得到遏制（国际货币基金组织，2012d）。补贴改革有助于通过减少预算赤字和抑制需求对价格的压力为恰当的财政政策响应提供支持。浮动汇率制度也会减轻国际价格波动对经济增长的影响（国际货币基金组织，2008）。

补贴改革所释放的资源可以在较长时期内提升竞争力。补贴改革有助于降低财政赤字和利率，从而拉动私人投资（Clements、Jung和Gupta，2007；Fofana、Chitiga和Mabugu，2009）。此外，如果释放的部分资源用于投资可以提高生产力的公共支出，经济增长红利可能很高（Lofgren，1995；Breisinger、Engelke和Ecker，2011）。通过消除价格信号扭曲，补贴改革可以有助于将资源重新分配到发挥最佳作用的领域，鼓励采用节能技术。并非所有部门在长期中都会从补贴改革中获益，原因在于那些无法适应能源高价格的部门会失去竞争力。然而，总体上看，对竞争力的影响是积极的。实证研究表明，更多地投资于高效节能技术可以使经济增长在长期中提高多达1个百分点（vonMoltke、McKee和Morgan，2004；联合国环境署，2008；Burniaux等，2009；Ellis，2010）。

最后，补贴成了走私滋生的诱因。如果一国能源的国内价格显著低于邻国，那么这将成为物品走私到高价地区的强有力诱因。非法贸易会加重补贴国的财政成本，同时降低走私目的国对国内能源征税的能力。燃油走私在世界上许多地区是一个普遍的问题，包括北美、北非和中东、亚洲部分地区和撒哈拉以南的非洲。例如，加拿大人从美国购买廉价燃油，阿尔及利亚燃油被走私到突尼斯，也门石油被走私到吉布提，尼日利亚燃油被走私到西非许多国家（Heggie和Vickers，1998）[①]。

## 3.2 补贴如何加剧宏观经济失衡

国际能源价格上涨向国内消费者的转嫁不完全，通过减弱节约国内能源消费的激励，会加剧对石油进口经济体国际收支平衡的负面影响，也会降低对石油出口国国际收支平衡的有利影响。对于后者，当油价上涨增加了石油部门收入并导致国内需求上升时，国内价格调整不充分可能会增加国际价格上涨时管理需求的难度（Gelb等，1988）。允许国内价格与国际价格同步上涨有利于给商品繁荣时期的国内需求降温，并在价格下降时建立起可用的财政缓冲。为打消国际价格剧烈波动向国内价格传导的担忧，可以考虑平滑涨价机制（见第4章）。

## 3.3 能源过度消费及其后果

能源补贴的负外部性是巨大的。补贴会引起石油产品、煤炭和天然气的过度消费，减少投资于能源效率和可再生能源的激励，这种过度消费接着又会加剧全球变暖和当地污染。受燃油补贴鼓励引起的车辆通行高水平，还会产生交通拥堵、事故多发和路面损坏等形式的负外部性。电力补贴也可能会对全球气候变暖和污染产生间接影响，但这将取决于用于发电的能源原料构成。柴油补贴会鼓励灌溉泵过度使用，造成过度种植水密集

① 据估计，2011年贝宁消费的汽油中超过80％是从尼日利亚走私来的（国际货币基金组织，2012 e）。

型农作物，加速地下水枯竭。

消除能源补贴将产生巨大的环境和健康效益。为了说明补贴对全球变暖和本地污染的影响，本研究估计了将能源价格提升至足以消除石油产品、天然气和煤炭补贴的水平所产生的影响（见附录B）[①]。研究结果显示，这项改革可以使二氧化碳排放降低超过50亿吨，意味着全球与能源相关的二氧化碳排放减少15%。取消补贴还能通过减少化石燃料的二氧化硫排放及其他污染物所造成的本地污染而产生显著的健康效益。具体而言，这项改革将促使二氧化硫排放量减少1 200万吨，其他本地污染物减少16%。

由补贴引起的能源产品过度消耗还可能会对全球能源需求和价格产生影响。非经济合作与发展组织国家联合逐步取消税前燃料补贴，到2050年相比基准情形，将使原油、天然气和煤炭的世界价格分别下降8%、13%和1%（经济合作与发展组织，2009；国际能源署，2011c）。如果将价格提升至足以消除税后补贴的程度，原油、天然气和煤炭的世界价格下降的幅度会更大。这些溢出效应表明，非补贴国将分享到补贴改革的收益，并延长稀缺自然资源的可用性。

## 3.4　对公平的影响

由于更多惠及高收入群体，能源补贴非常不公平。能源补贴通过两种机制使家庭获益，降低烹饪、加热、照明和私人交通的用能价格，以及降低其他以能源作为投入要素的商品和服务的价格。平均而言，中、低收入国家最富有的20%的家庭获得的燃油产品补贴占比（43%）是最贫困的20%的家庭所获得的补贴占比（7%）的6倍（见图3-2）。

① 由于数据限制，取消电力补贴的影响未被估计。

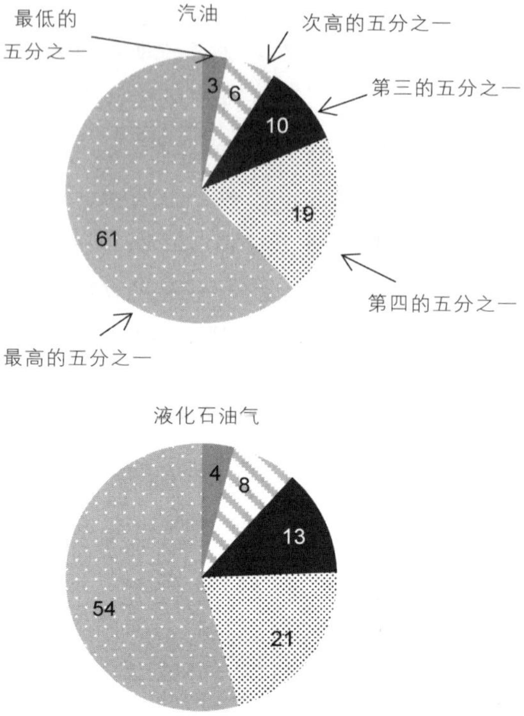


图3-2 按收入群体分的石油产品补贴分配（占石油产品补贴总额的百分比）

补贴的分配因不同产品而异，汽油最为累退而煤油最为累进。

资料来源：Arze del Granado、Coady和Gillingham（2012）。

补贴对分配的影响因产品不同而具有显著差异，其中汽油的累退性最大（即补贴收益随收入的增加而增加），而煤油的累进性最明显。天然气和电力补贴的针对性也很弱，最贫困的20%的家庭仅得到天然气补贴的10%和电力补贴的9%（国际能源署，2011a）。虽然补贴主要惠及高收入群体，但能源价格上涨过快对贫困家庭的预算仍会产生很大的影响，除了取消补贴的直接影响，还有由于消费者价格上涨所造成的真实收入下降的间接影响。例如，每升燃油价格上涨0.25美元会使最贫困的20%的家庭的实际消费下降约5.5%（Arze del Granado、Coady和Gillingham，2012）。

这突显了采取缓解措施的必要性，从而确保补贴改革不会造成贫困加剧（Sterner，2012）。对于电力而言，根据消费水平（如生命线电价）区别定价的能力能够在补贴改革中保护低收入群体。然而，这种补贴无法使无电力接入的贫困家庭获益，也就限制了补贴的累进性。例如，在撒哈拉以南非洲仅有30%的家庭接入了电网（国际金融公司，2012）。

能源补贴使公共资源从更为惠贫的支出上转移。在许多实行补贴的国家，可以通过向更有针对性的医疗卫生、教育和社会保障项目重新分配支出而改善公平。从长远来看，取消补贴并以设计完善的社会保障体系和增加惠贫支出作为补充，可以为低收入群体的福利带来显著改善。在石油出口国，补贴常被用作与公民分享石油财富的工具。但考虑到补贴造成的资源配置上的低效率以及高比例的收益流向高收入群体、在某些国家流向外籍人口，能源补贴作为财富分配政策工具的效率相对于其他公共支出项目要低得多。

[第4章]

# 改革能源补贴——实践中的经验和教训

特雷弗·阿莱恩、本内迪克特·克莱门茨、大卫·科迪、斯蒂芬妮·法布里齐奥、圣吉夫·古普塔、卡洛·萨德莱列维奇、尚保平、毛利西奥·维拉弗尔蒂

## 4.1 概要

本章通过国家案例分析探索补贴改革成功的秘诀。国家案例研究包括过去20多年来成功的以及失败的经历，涉及大范围国家和多样化的能源产品。总共分析了22个国家案例，涵盖28个主要改革事件（见表4-1）。第5~9章对这22个案例进行了详尽的阐述。

在有些案例中，政府试图通过对居民及企业提高能源价格或改进能源部门中国有企业的效率以减轻财政补贴负担，包括降低税前补贴，或者力图使能源税恢复到国际能源价格上涨前的通行水平以及足以消除税后补贴的水平①。

本研究包含了成功、部分成功以及失败的案例：有的国家改革成功，补贴永久下降；有的国家取得部分成效，补贴下降了至少一年但其后又出

① 以土耳其为例，得益于20世纪80年代末到90年代的能源补贴改革，从税后的角度看补贴已得到消除。

表4-1　　国家能源补贴改革概览

| 地区/国家 | 能源产品 | 改革时期 | 改革结果 | 改革影响 | 国际货币基金组织是否提供改革支持 | 能源补贴改革是否作为限制条件 |
|---|---|---|---|---|---|---|
| **中东欧和独联体** | | | | | | |
| 土耳其 | 燃油 | 1998 | 成功 | 国有企业从净亏损变为净盈利 | 是 | 是 |
| 亚美尼亚 | 电力 | 20世纪90年代中期 | 成功 | 电力部门的财务赤字占GDP的比重从1994年的22%到2004年以后降为零 | 是 | 是 |
| 土耳其 | 电力 | 20世纪80年代 | 成功 | 产生额外的收入可用于系统维护 | 是 | 是 |
| 波兰 | 煤炭 | 1990—1998 | 失败 | — | 是 | 是 |
| | 煤炭 | 1998 | 成功 | 该产业实现财务上可维持，并大幅减少了政府转移需要 | 否 | |
| **新兴发展中的亚洲** | | | | | | |
| 印度尼西亚 | 燃油 | 1997 | 失败 | — | 是 | 是 |
| | 燃油 | 2003 | 失败 | — | 否 | |
| | 燃油 | 2005 | 部分成功 | 补贴占GDP的比重从2005年的3.5%下降到2006年的1.9% | 否 | |
| | 燃油 | 2008 | 部分成功 | 补贴占GDP的比重从2008年的2.8%下降到2009年的0.8% | 否 | |

续表

| 地区/国家 | 能源产品 | 改革时期 | 改革结果 | 改革影响 | 国际货币基金组织是否提供改革支持 | 能源补贴改革是否作为限制条件 |
|---|---|---|---|---|---|---|
| 菲律宾 | 燃油 | 1996 | 成功 | 下降至略高于GDP的0.1% | 是 | 是 |
| | 电力 | 2001 | 成功 | 补贴占GDP的比重从2004年的1.6%到2006年下降为零 | 否 | |
| **拉丁美洲和加勒比地区** | | | | | | |
| 巴西 | 燃油 | 20世纪90年代初—2001 | 成功 | 从20世纪90年中期的补贴占GDP的0.8%到自2002年以来产生收益 | 是 | 是 |
| 智利 | 燃油 | 20世纪90年代初 | 成功 | — | 否 | |
| 秘鲁 | 燃油 | 2010 | 部分成功 | 补贴降为GDP的0.1% | 否 | |
| 巴西 | 电力 | 1993—2003 | 成功 | 补贴降为GDP的0.7% | 是 | 是 |
| 墨西哥 | 电力 | 1999/2001/2002 | 失败 | — | 是 | 否 |
| **中东和北非** | | | | | | |
| 伊朗 | 燃油 | 2010 | 部分成功 | 石油产品消费的增长开始稳定 | 否 | |
| 毛里塔尼亚 | 燃油 | 2008 | 失败 | — | 是 | 否 |
| | | 2011 | 部分成功 | 补贴占GDP的比重从2011年的2%下降至2012年的近乎为零 | 是 | 是 |
| 也门 | 燃油 | 2005 | 部分成功 | 补贴占GDP的比重从2005年的8.7%下降至2006年的8.1% | 否 | |

续表

| 地区/国家 | 能源产品 | 改革时期 | 改革结果 | 改革影响 | 国际货币基金组织是否提供改革支持 | 能源补贴改革是否作为限制条件 |
|---|---|---|---|---|---|---|
| | 燃油 | 2010 | 部分成功 | 补贴占GDP的比重从2010年的8.2%下降至2011年的7.4% | 是 | 是 |
| **撒哈拉以南非洲地区** | | | | | | |
| 加纳 | 燃油 | 2005 | 部分成功 | 价格平均上涨50% | 否 | |
| 纳米比亚 | 燃油 | 1997 | 部分成功 | 补贴降为略高于GDP的0.1% | 否 | |
| 尼日尔 | 燃油 | 2011 | 部分成功 | 补贴降为GDP的0.9% | 否 | |
| 尼日利亚 | 燃油 | 2011—2012 | 部分成功 | 补贴占GDP的比重从2011年的4.7%下降至2012年的3.6% | 否 | |
| 南非 | 燃油 | 20世纪50年代 | 成功 | 成功地避免了补贴并保障了供应 | 否 | |
| 肯尼亚 | 电力 | 20世纪90年代中期 | 成功 | 补贴占GDP的比重从2001年的1.5%下降至2008年的零 | 是 | 是 |
| 乌干达 | 电力 | 1999 | 成功 | 补贴降为GDP的2.1% | 是 | 是 |

资料来源：国际货币基金组织工作人员。

现反弹或成为未决政策问题；还有一些则失败了，提价或改进效率的努力被迅速逆转。在所涉及的28个改革事件中，有12个被归为成功，11

个被归为部分成功（通常由于改革实施不全或者倒退），5个被归为失败。

在国家选取的安排上确保涵盖了世界不同地区以及多种改革结果。同时，样本的选取也反映出数据以及特定国家改革的历史书面证据的可获得性。其中，燃油补贴案例较多地反映出这类改革的数据和过往研究的来源较为广泛。在22个案例研究中，14个着眼于燃油补贴改革，7个针对电力部门改革，还有1个涉及煤炭部门改革。研究对象涵盖了7个撒哈拉以南的非洲国家，2个新兴发展中的亚洲国家，3个中东和北非的国家，4个拉丁美洲和加勒比地区的国家，以及3个中东欧和独立国家联合体的国家。在28个改革事件中，有14个实施了国际货币基金组织支持的项目，除了其中2个项目外均包含能源补贴改革条款。

国家案例研究的结论如表4-1所示，我们结合了以往国际货币基金组织及其他团体和个人所做的国家案例研究的结论，包括Gupta等（2000），Coady等（2006），国际货币基金组织（2008a），Coady等（2010），全球补贴研究中心（Global Subsidies Initiative）（2010），联合国环境规划署和国际能源署（2002），联合国环境规划署（2008），世界银行（2010b），Arze del Granado、Coady和Gillingham（2012）以及Vagliasindi（2013）[①]。案例研究还借鉴了由国际货币基金组织财政事务部发布的关于节能补贴技术援助报告中得出的经验和教训[②]。

## 4.2 改革的障碍

国家的改革经历表明存在许多影响补贴改革成功的障碍。虽然成功没有唯一的秘诀，但消除这些因国情而异的障碍，可以提高改革实现目标的

① 案例研究没有区分补贴改革对宏观经济变量的影响，如通货膨胀和真实汇率。这需要在补贴改革实施期间分离这些影响，时间跨度平均为5年。

② 在过去5年中，实施了19个技术援助任务，帮助各成员国应对能源补贴改革的问题。其中，约1/3的任务是在撒哈拉以南非洲地区，另有1/3在中东和北非地区。

可能性，有助于避免政策逆转。

#### 4.2.1　缺乏关于补贴的信息

能源补贴的完全财政成本（包括生产者补贴和消费者补贴）很少被反映在预算中。对于石油输出国尤其如此，原因在于通过低能源价格所提供的补贴往往是被隐含的，也就是说未被明确列入预算[①]。人们往往并没有意识到国内能源价格与国际市场价格之间的差距、低能源价格对预算和经济效率的影响以及能源补贴的利益分配作用。因此，公众无法将补贴与优先领域公共支出的扩大受限以及补贴对经济增长和减少贫困的不利影响联系起来。这对于补贴额度巨大的石油输出国显得尤为重要。

在28个改革事件中，有17个表明缺乏信息是改革的障碍，包括加纳、墨西哥、尼日利亚、菲律宾、乌干达和也门的燃油补贴改革。也门的经验很具有启发性，在了解了改革的需要以及益处后，公众接受了燃油价格的大幅调整；然而，当在没有实行有效的公众宣传的情况下实施改革时，特别是在政治危机中，民众抗议至少使得价格调整发生了部分逆转。

与公众缺乏足够的沟通是墨西哥和乌干达电力补贴改革的一大障碍。墨西哥1999年改革失败有多种原因，但鉴于公众对私有化普遍的消极态度以及对电力部门问题的有限认识，政府未能推出一个完善的沟通方案是其中一个主要的原因。

许多成功实施了能源补贴改革的国家在改革实施之前都进行了补贴规模的评估。基于这些研究的公共讨论是加纳、纳米比亚和菲律宾的燃油补贴改革宣传活动的重要组成部分。菲律宾在20世纪90年代燃油价格改革的成功得益于其精心设计的沟通策略，重点在于建立共识。最初，政治环境并不利于改革提案，在议会两院均缺乏多数党的支持，但政府迅速推出了全国性的公益演出以向公众告知油价补贴问题，还设立了在行政机关和国会之间进行协调的机构以达成政治共识。

---

① 据Gupta等(2004)估计，平均而言，石油出口国在1999年的隐性补贴占到国内生产总值的3.5%。

#### 4.2.2 对政府缺乏信心

即便认识到了能源补贴改革的严重程度和弊病，公众对于政府是否能够明智地利用补贴改革所节约的资金常常缺乏信心。这在腐败之风盛行、公共政策缺乏透明度且公共支出效率低下的国家尤其如此。中产阶级视能源补贴为其从国家得到的少数实际好处之一，因此可能强烈反对取消这些补贴。这在有充足的财政资源但缺乏执行现金转移支付计划行政能力的石油出口国尤其如此。

信用缺失被认为是2011年印度尼西亚和2003年尼日利亚燃油补贴改革不太成功背后的重要因素之一。2003年印度尼西亚将国内燃油产品价格与国际价格走势自动挂钩的努力失败，部分原因是与已经不信任政府的公众沟通不畅。抗议者认为强大的利益集团将受益，公众亦普遍反对，理由是政治腐败和效率低下会破坏改革。此外，许多公布的补偿方案并没有落实。这样一来，政府撤销了当年的大多数改革。

#### 4.2.3 对贫困人口负面影响的担忧

如前所述，虽然能源补贴带来的好处大部分被高收入群体取得，但是能源价格上涨亦会对低收入人群的实际收入造成显著的不利影响，不仅因为烹饪、取暖、照明和私人交通的用能价格提高，还因为包括食物在内的其他以能源作为投入的商品和服务的价格也提高了。一些国家没有运行良好的社会保障网络，无法有效地保护贫困人口免受高能源价格的不利影响，对于这些国家而言，这是一个主要的考虑因素。有20个改革事件，进行补贴改革的同时，引入了专门措施以缓解物价上涨对贫困人口的影响。在7个改革事件中，提价最初集中在对贫困家庭预算不太重要的产品上。

#### 4.2.4 对总体经济影响的担忧

其他担忧包括对通货膨胀、国际竞争力以及国内能源价格波动的潜在不利影响。能源价格上涨对通货膨胀具有短期影响，如果不实施适当的宏观经济政策，可能导致价格和工资上涨预期的进一步提高（见专栏3.2）。这是难以稳定通货膨胀预期的国家尤其担心的问题。能源价格的上涨也可能会引发对能源密集型行业国际竞争力的担忧。另外，国家为了避免国际价格变化引起国内价格的剧烈波动而不愿意放开能源价格。

在亚美尼亚，通过实施宏观经济稳定措施，电力价格上涨对通胀的影响得到缓解。在伊朗和尼日利亚，进行燃油补贴改革的同时实行了专门措施，以减轻涨价对能源密集型行业的影响。在2011年改革之初，尼日利亚政府便承诺利用削减燃油补贴所节约的资金落实经济刺激计划，包括电力、道路、交通、水利和下游石油行业的重要基础设施项目。

### 4.2.5 利益群体的反对

改革可能面临来自从现状中受益的特定利益集团的反对。受益于补贴的政治游说群体可能实力强大且组织性强，能够阻碍改革。例如，在一些国家，城市中产阶级和工业部门（也得益于补贴）可能阻碍改革。相比之下，改革的受益者往往分散且组织化程度较低。因此，改革计划需要解决利益受损者的担忧。

许多国家进行改革的一个重要绊脚石往往是能源领域的国有企业，国有企业可能不愿加强治理和绩效。在墨西哥，电力部门被国有的联邦电力委员会（Comisión Federal de Electricidad）垄断，即使在1992年放松管制后，其发电量仍占全国发电总量的3/4并垄断了传输和配送。另外，公共部门的主导地位是由宪法条款所规定的。

工会的强烈反对也会造成改革的失败。这在墨西哥和波兰都属实。在波兰，采矿部门的改革最初不成功，是由于没有为受改革负面影响最直接且游说能力强大的矿工提供足够的支持。在后续的改革计划中与工会合作设计的缓解措施打破了矿工对重组的阻力。经验表明，工会在改革过程中具有重要作用，尤其当改革涉及同时满足以下两个条件的行业时很可能成立，即经济中占垄断地位的雇主以及其员工拥有在该行业以外使用十分有限的专业技能。

### 4.2.6 宏观经济形势低迷

在经济增长较快且通货膨胀较低的时期，公众对补贴改革的抵制较弱（虽然补贴改革不总是被推迟，且经常作为抑制通胀和刺激经济增长的一部分措施）。家庭收入提高可以帮助家庭负担补贴改革引起的能源价格上涨。秘鲁在2010年初实施补贴改革时，处在物价稳定且经济增长强劲的时期，有利于使改革更具有政治上的可行性。土耳其的电力部门改革恰逢经济增长和生活水平标准提高的时期，这向公众证明了改革在使国家朝着正确的方向运转。

高通货膨胀也是改革的一个障碍。在高通货膨胀时期，需要对管制价格频繁作出大调整以避免燃油补贴的出现。在巴西，20世纪90年代的高通货膨胀和货币贬值使得控制补贴的财政成本成为一项艰巨的挑战。为了避免出现补贴，必须频繁提高价格。除柴油以外的其他燃油成功实施，但柴油价格上涨并没有跟上汇率贬值的步伐，进而导致柴油补贴飙升。

## 4.3 补贴改革战略设计

许多国家已经在补贴改革策略中采取专门的措施以克服上述障碍。我们对国家改革经历的回顾表明，下列核心要素可以增加补贴改革成功的可能性：（1）一个全面的改革方案；（2）一个广泛的沟通战略，同时提高透明度；（3）适当地、分阶段地提高价格，对不同能源产品分别进行有序实施；（4）改进国有企业效率以降低生产者补贴；（5）保护贫困人口的针对性缓解措施；（6）能源定价的“去政治化”以避免补贴再次出现。下面对每一个要素依次进行更为详细的讨论。

### 4.3.1 改革方案需全面

大多数成功的改革都进行了精心策划并有明确的改革战略。伊朗2010年实施的燃油补贴改革以广泛的公共关系活动为先导，制定了明确的目标、补偿措施和改革时间表。公共宣传活动强调了改革的主要目的是用现金转移替代价格补贴以减少能源过度消耗和走私。在实施涨价之前已经给大多数公民开立银行账户，并将补偿的现金转移存入了这些账户。

在纳米比亚，当局进行了全面的规划，包括与民间组织广泛协商以及精心筹划了包括引入燃油价格调整机制和针对偏远地区居民补贴在内的计划。明确的中期改革战略和细致的规划也是菲律宾和土耳其电价自由化改革成功背后的一个主要因素。相比之下，缺乏有效的规划造成了一些国家改革不太成功的结果（例如印度尼西亚在1998年和尼日利亚在2011年进行的燃油补贴改革）。一个好的改革方案往往需要大量的时间来准备，正如伊朗那样。

一个全面的改革计划要求：（1）建立明确的长期目标；（2）评估改革可能产生的影响；（3）与利益相关方进行磋商。

#### 4.3.1.1　明确的长期目标

如果将补贴改革纳入更广泛的改革议程中，可能会更加成功和持久。特别是，改革应同时包括可持续的能源定价方法以及改善能源消费和供应效率的计划。

在菲律宾和土耳其，实现燃油和电力的价格完全自由化以及进行能源部门结构改革被声明为改革的终极目标。这有助于改革取得最终的成功，因为公众和政府能够关注并坚持长期目标，而不为过程中的挫折分心。

全面战略对电力改革尤为重要。电价补贴的规模和服务质量之间有很强的负相关性，反映了补贴对投资的抑制作用。然而，公众常常不愿在没有质量改进的前提下支付更高的价格。对这一领域实施改革不仅要努力提高接入率和服务质量，还需解决运营的低效率问题（如高配电损耗以及电费的计算和收取不足）。电价上涨的服务改进需求制约着改革的速度，因为改进服务通常需要进行前期投资。

亚美尼亚、巴西和肯尼亚的电力补贴改革成功，是因为这些改革属于旨在解决供应问题的更为广泛的政策组合中的一部分。在亚美尼亚，电价改革与制度改革相结合，为私营部门的参与铺平了道路，从而带来了效率提升，供电系统的损耗率在11年的时间内从30%下降到10%。

#### 4.3.1.2　改革潜在影响的评估

设计一个全面的补贴改革战略既需要对各利益相关者可能产生的影响方面的信息，也需要研发减轻不利影响的措施。这需要评估补贴对财政和宏观经济的影响，并确定改革的受益方和受损方。在加纳，2005年受政府委托进行了一次独立的贫困和社会影响分析，评估燃油补贴和取消补贴的受益方和受损方，这对于有力地宣传改革的必要性以及制定政策以减少高燃油价格对贫困人口的影响是一个重要的基础。对比起来，在尼日利亚，国民议会以缺乏可靠的数据来确定补贴的规模和发生频率为由，不支持2011年取消汽油补贴的改革。

#### 4.3.1.3 与利益相关者磋商

应当邀请利益相关者参加补贴改革战略的制定。采取利益相关者措施的效果已经在许多国家得到证明（Graham，1998；Gupta等，2000）。肯尼亚在改革早期电价上涨面临严峻的困难，通过与利益相关方进行紧张的谈判，特别是与大用户，努力宣传改革的目标和好处，后来这些困难得到了克服。

纳米比亚国家能源委员会在矿业与能源部长的主持下，成立了国家放松管制工作组，通过协商程序审查对燃油价格放松管制。该工作组建议保留针对偏远地区的补贴，逐步放开价格，加强政府对燃油税收入管理的透明度。价格平滑，辅之以对农村加油站的汽油价格补贴等缓解措施，是后续10年改革取得最终成功的关键。类似地，尼日尔当局成立了专门的委员会（Comité du Différé）负责讨论燃油补贴改革的最佳途径以及与所有利益相关者后续协商。

相比之下，与利益相关者协商不够造成了印度尼西亚2003年燃油补贴改革的失败。正如前文所提到的，对改革影响广泛有时甚至强烈反对的部分原因是公众认为改革偏向强大的利益集团。有人将印度尼西亚2005年改革的部分成功及反对强度的降低归功于政府通过建立福利计划对贫困家庭生活成本上升给予了补偿。

### 4.3.2 政治与公众支持需要沟通战略和透明度

#### 4.3.2.1 重要信息

大规模宣传活动有助于获得广泛的政治和公众支持，应该在整个改革过程中持续开展。对补贴改革经历的回顾表明，公众的大力支持和积极主动的公共沟通使改革成功的可能性几乎增加了两倍（国际货币基金组织，2011b）。宣传活动应该说明能源补贴的规模以及对预算其他部分的影响。宣传活动应该强调取消补贴（包括以税后为基准）的好处，特别是应当强调预算节余或额外收入的一部分将用来资助教育、医疗卫生、基础设施和社会保障等优先领域的开支。

宣传活动已造就了许多国家的成功，包括加纳、伊朗、纳米比亚和菲律宾的燃油补贴改革以及亚美尼亚和乌干达的电力补贴改革。

如前所述，菲律宾的公众宣传活动开始于改革的早期阶段，包括采用全国性的公益演出向公众告知石油价格补贴的问题。在纳米比亚，能源政策的白皮书为有效的公共宣传活动奠定了基础。在乌干达，政府有效地向公众传达了电力补贴的成本及其对公众的影响。乌干达政府表示已经没有足够的资源继续给予相对富裕的精英阶层电力补贴。由于88%的人口没有用上电，在坎帕拉针对电价上涨的小规模抗议活动只得到了微乎其微的同情。大部分媒体也被政府用事实说服，并发表评论说提高电价将是一项有利于穷人的措施。

#### 4.3.2.2　透明度

确保透明度是宣传战略成功的一个关键要素。可用于宣传的有用信息包括：

1.补贴的规模以及如何筹资，包括在石油出口国没有列入预算或记为税收支出的隐性补贴。补贴虽然在一定程度上属于预算外项目，但可以在预算文件中记为备忘录项目。补贴数据还应该包括生产者补贴，这可能需要更好地记录能源领域的国有企业的账目并在预算文件中报告国有企业状况。

2.不同收入群体的补贴利益分配。

3.补贴支出随着时间推移的变化。

4.补贴改革潜在的环境和健康收益。

在成功推行补贴改革前，尼日尔已开始在预算中明确记录燃油补贴。公开这些信息便于独立评估补贴政策的相关成本和利益。这对于判断补贴是否是达到预期效果的最为有效的方案尤为重要，诸如对穷人的社会保障。应当将补贴支出与优先领域支出和因补贴改革扩大了财政空间所带来的这些领域增加的计划支出进行对比。各国政府还应当尽可能多地披露有关价格如何制定和计划涨价背后的因素的信息。加纳和南非都定期在政府网站及全国媒体上公布关于石油产品这些方面的详情。

### 4.3.3　提价需合理——应分阶段有序实施

逐步提价并且对不同能源产品进行有序的安排是可取的。恰当的提价幅度和顺序取决于一系列因素，其中包括消除补贴所需的价格上涨幅度、财政状况、补贴改革所处的政治和社会背景以及建立有效的宣传策略和社会保障体系所需的时间。在本书研究的案例中，成功以及部分成功的补贴改革所需的时间平均约为5年。

#### 4.3.3.1 提价的幅度和时机

能源价格大幅上涨会招致对改革的强烈反对，正如毛里塔尼亚在2008年和尼日利亚在2012年的燃油补贴改革中所发生的那样。分阶段改革能给予家庭和企业足够的调整时间，并允许该国有时间通过将补贴结余善加利用而建立信誉。正如前文所提到的，这还有助于减少补贴改革对通货膨胀的影响，并给政府建立配套的社会保障体系留出空间。

案例研究表明，在23次成功或部分成功的改革事件中有17次采取了逐步减少补贴的策略。纳米比亚依据为期3年的改革计划稳步地取消了补贴。巴西政府在20世纪90年代的石油补贴改革中，奉行渐进式措施，以便最大限度地减少核心利益集团的反对。尽管最初价格大幅上涨，但燃油价格的逐步调整仍是伊朗改革设计的一个重要特征，该计划打算用超过5年的时间来消除石油补贴。肯尼亚的电力改革也采取了循序渐进的方式，使当局能够通过提供更好的服务逐渐获得扩大改革的支持。

能源价格上涨的时机也应慎重考虑。以乌干达为例，电价上涨伴随产能的扩大容易赢得广泛认可。而电价与其他社会敏感性产品同时涨价，如食品和燃油，则可能会遇到很大的阻力。

#### 4.3.3.2 改革的顺序

提价也可以根据不同能源产品进行有序安排。例如，改革初期可以对高收入群体和产业消费较多的石油产品采取较大幅度的提价，如汽油和航空煤油。当社会安全网得到加强以后，后续几轮改革可以对贫困家庭预算中更为重要的燃油产品加大提价幅度，并用部分预算结余向贫困家庭提供转移支付。对电力而言，提价可以首先针对大型住宅用户和商业用户。在28次改革事件中，有7次改革采用了这种涨价顺序。

以巴西为例，石油产品的改革始于放开主要在产业中使用的产品的价格，随后是更广泛的汽油价格自由化，最后放开柴油价格。秘鲁的改革则最初着眼于取消高辛烷值汽油（主要为豪华轿车使用）的补贴，允许国际价格变动完全传递给国内价格。一年以后，即2012年，普通汽油的补贴也被取消。秘鲁的改革已经成功做到了在没有引起广泛反对的前提下减少补贴的财政成本。与此同时，改革从未触及政治上最敏感的产品，即柴油和液化石油气，其也是占据补贴支出份额最大的产品。

#### 4.3.3.3　渐进式改革面临的挑战

第一，改革步伐放缓降低了短期内的预算结余。因此，在实现预算节约与缓和改革对家庭的影响两大目标之间存在权衡取舍。第二，改革的顺序可能严重扭曲消费模式。例如，在上调其他石油产品的价格时，为了不严重扰乱能源市场，最低煤油价格存在一个下限。相关问题还包括煤油和液化石油气从家庭流入运输部门和跨境走私。由于车辆的液化石油气改装使得液化石油气消费量急剧增加，土耳其不得不超计划加快削减液化石油气补贴。第三，对渐进式改革的反对可能会日益强烈。

为了解决这些问题，渐进式改革要求政府必须有贯彻计划提价的长期决心，可能会连续跨越几个执政期。这一挑战可以通过建立对改革的广泛支持基础加以克服。例如，土耳其从20世纪80年代末和90年代初开始实施更加自由化的能源（包括燃油和电力）定价制度并在后续执政期间继续执行该计划。有效的规划和沟通促成了菲律宾就石油和电力部门的改革需要达成广泛共识，并使得政府能够成功地逐步实施其改革战略。

### 4.3.4　应当提高国有企业效率

提高国有企业的效率可以减少能源部门的财政负担。能源生产商经常获得大量预算资源——经常项目和资本项目转移——以弥补其生产和税收的低效率。效率的提高可以改善这些企业的财务状况，减少这种转移的需要。各国的经历体现了加强国有企业治理、改进需求管理和税收以及更好地利用规模经济来提高企业效率的重要性。

#### 4.3.4.1　企业治理

国有企业的治理可以通过改进对运营和成本信息的监控得到加强，可以帮助识别系统的低效率（如机构臃肿）和缺陷（如能源流动的重大损失点和瓶颈）。已经采用信息系统的国家包括肯尼亚、乌干达和赞比亚。依据《财政透明度良好做法守则》，中央政府的所有预算外活动都应在预算文件中报告，包括通过国有企业所执行的那些（可参见国际货币基金组织，2012a）。

接下来是在这些信息的基础上设立绩效目标和激励机制。在佛得角，电力公司被允许保留其超目标的收益，从而可以用于投资。引入竞争机制（包括来自私营部门的）可以提升业绩。在市场较大的国家，由于留有给石油和电力部门“松绑”的余地，这一措施更为可行。尽管有这些限制，许多新兴国家和低收入国家的私营企业在电力行业中的作用正在变大。许多国家已经允许民营发电企业之间的竞争，其中一些还邀请私营企业来管理电力配送，主要是为了解决运营低效率问题。

#### 4.3.4.2 需求管理

强化需求管理（通过在高峰时段收取更高的价格）已被证明可以有效地促使需求转移到边际供电成本较低的时段（Antmann，2009）。撒哈拉以南非洲国家的电力公司推行了免费提供紧凑型荧光灯的项目，这对于减少佛得角、埃塞俄比亚、马拉维、乌干达和卢旺达的需求和成本很有帮助。增强创收的措施包括改进计费和收取措施。这些措施可以从大客户开始，并逐步扩大到中小规模客户。

#### 4.3.4.3 区域一体化

可以通过利用区域电力交易来改善效率（Foster和Briceño-Garmendia，2010）。例如，马里和布基纳法索通过加入区域市场已经能够扩大国内供应和家庭接入的来源。

### 4.3.5 需要针对性强的措施以减轻对穷人的影响

采取针对性强的措施来缓解能源价格上涨对穷人的影响是获得公众对补贴改革支持的关键。要做的第一步是评估在短期内扩大现有的（或实施新的）社会方案的能力。价格改革之前立即推行或者扩大有针对性的计划有助于证明政府保护穷人的担当。改革之后对全体居民非针对性的现金转移支付补偿可以仅限于最贫穷人口的消费量。这可以节省财政开支，因为贫穷家庭的能源消费量通常大大低于富裕家庭。

只补偿低收入群体的有针对性的现金转移将会产生进一步的财政节

余。在一些石油出口国，补贴往往被视为财富共享的形式，统一的人均转移支付相比无针对性的能源补贴更为公平、有效。然而，财富共享可以通过物质和人力资本积累方面针对性强且成效好的公共开支得以实现。补偿的针对性强度是一个涉及权衡财政节约、定向能力以及获得广泛改革支持需要的战略决策。在28次改革事件中，有18次依靠有针对性的缓解措施，包括扩大贫困地区的公共工程、教育和卫生计划。

#### 4.3.5.1 有针对性的现金转移

有针对性的现金转移或准现金转移（券）是补偿的首选方式。现金转移给予受益人购买最适合他们需求的能源种类和数量的灵活性，并可自由选择时间和地点，还免除了政府直接参与家庭补贴能源分配的需要，这往往是极其昂贵且容易被滥用的（Grosh等，2008）。在28次改革事件中，有9次有针对性的现金转移支付被用于保护贫困家庭。

印度尼西亚的无条件现金转移计划涵盖了人口的35%，是其成功克服社会和政治上对燃油补贴改革反对的一个重要战略组成部分。其经验还表明，这类计划需要做好准备和监控，以便有效地帮助穷人。

在亚美尼亚，政府在进行电力补贴改革的同时推出了一系列社会保障体系改革，其中包括有针对性的现金转移支付制度“贫困家庭津贴”（The Poverty Family Benefit）计划，这有助于受益者在更高的电费下维持实际消费。这项津贴计划的设计也有助于提升收缴率并提高能源效率，因为过度消费或不支付电费的家庭会被取消津贴资格。该计划最初涵盖了全国25%的家庭，但由于资格标准收紧，覆盖面逐步下降到了18%（截至2010年），这一改变使得平均真实补贴支付上涨了40%，同时又将项目总成本维持在约占GDP 1%的水平。

此外，1999—2000年，政府对低收入家庭进行了两次一次性的现金转移，以帮助其应对更高的电价。受益者包括符合“贫困家庭津贴”计划资格的家庭以及其他被认为有账单支付困难的家庭。

新兴市场和低收入经济体近期广泛实施了有条件的现金转移，受益者可获得与家庭教育投资和家庭成员健康状况相关的津贴，大大提高了这些经济体保护贫困家庭免于价格和其他冲击的能力，还同时解决了长期贫困的根源性问题（Fiszbein 和 Schady，2009；Garcia 和 Moore，2012）。

#### 4.3.5.2 其他方案

当现金转移不可行时，随着行政能力的发展，可以采取其他可拓展方案。应当把重点放在可快速拓展的既有方案上，最好能提高目标的针对性，如学校餐食、公共工程、降低教育和医疗费、补贴大规模城市交通以及对水电消费低于指定阈值的给予补贴。这种方式在15个改革事件中得以应用，有时与有针对性的现金转移一起使用。

在燃油补贴改革的背景下，通过拓展有针对性的社会开支计划来保护低收入家庭免于燃油价格上涨冲击的国家包括加蓬、加纳、尼日尔、尼日利亚和莫桑比克。加纳的措施包括免除国营中小学的费用，设置公共交通票价的价格上限，提高最低工资标准，购买额外的公共交通巴士以及为贫困地区的卫生保健提供资金。加纳还增加了对农村电气化的投入。菲律宾则为低收入学生提供大学奖学金并对将公共交通发动机改造为使用成本较低的液化石油气提供贴息贷款，其还保留了对贫困家庭的电力补贴（世界银行，2008）。

在电力改革的过程中，保持生命线电价不变而主要针对高消费家庭提价的国家包括亚美尼亚、巴西、肯尼亚和乌干达。肯尼亚对每月消费少于50千瓦时（在非洲常用的生存基准阈值）的家庭实行生命线电价。肯尼亚99%的家庭可以负担得起生命线电价。肯尼亚还对接入成本进行补贴以替代电力价格补贴，其农村电气化计划迄今已使农村接入数量增加了三倍以上，并通过设立一个提供延期接入费支付和接入费商业银行贷款的循环基金以帮助家庭接入电网。

#### 4.3.5.3 廉价的替代能源

提供廉价的替代能源可以减轻补贴改革对低收入群体的影响。对于许多国家而言，补贴的一个主要目标是向低收入家庭提供可以负担得起的能源。因此，补贴改革如果伴随着支持这一目标的补充措施往往更容易被接受，有5次改革采用了这类措施。

在印度尼西亚和也门，政府帮助家庭将烹饪用的燃料从煤油转换为低成本的液化石油气的努力为补贴改革提供了便利。除了成本更低，液化石油气产生的污染和二氧化碳排放也较少。印度尼西亚已免费发放了液化气灶和小型液化气钢瓶。

#### 4.3.5.4 国有企业重组的社会保障措施

涉及国企重组的补贴改革需要采取专门的临时性社会保障措施来帮助企业和员工。从短期来看，国有企业重组可能涉及解雇员工队伍中的一部分人员或者增加对节能环保技术的投资。实行缓解对员工影响的政策和促进结构调整的政策可以提高补贴改革的支持度。在波兰的煤炭行业改革中，失业矿工获得了社会援助和就业培训。

在燃油补贴改革的背景下，伊朗政府与企业进行了广泛的协商，了解如果能源价格大幅上涨企业将面临的挑战，并相应地制定了针对受涨价冲击较大的农业和能源密集型行业的方案，其中包括直接援助和提供有补贴的燃油。这些措施应该是暂时的，有明确规定的期限，并且积极与公众沟通以证明政府对改革的坚持。

### 4.3.6 能源定价应当去政治化

成功且持久的改革需要建立去政治化的能源定价机制。许多国家都成功地实施过改革，但却因国际石油价格上涨时补贴再次出现而功亏一篑。在28次改革事件中，11次因补贴再次出现被划为部分成功。在加纳，2005年的改革取消了燃油补贴，但是当石油价格在2007年和2008年大幅上涨时，政府放弃了与国外价格挂钩的政策，自动调节被临时叫停。在印度尼西亚，尽管国际价格不断上涨，补贴改革依然使燃油补贴从2005年的占GDP的3.5%下降为2006年的占GDP的2%。然而，由于不愿意完全转嫁国际价格的持续上涨，导致燃油补贴在2008年再次攀升至占GDP的2.8%。

#### 4.3.6.1 自动定价机制

自动定价机制有助于减少改革逆转的几率。建立燃油产品自动定价公式有利于使能源价格远离政府干预，并更加明确国内价格变化反映的是不受政府控制的国际价格变化。依靠定价公式可以向公众担保价格上涨不会导致供应商渔翁得利。南非成功地实施燃油产品自动定价机制已经有超过50年的历史。这一机制的主要目的是鼓励私营部门参与能源行业，保障石油产品的充足供应，尽管在种族隔离时期制裁对燃油供应有影响。事实证明，供应价格不低于进口平价对于吸引国际公司投资和维持在南非的活动（甚至包括在反种族隔离禁运时期）至关重要。

菲律宾和土耳其在燃油价格自由化的过渡过程中成功地实施了该机制。土耳其在1998年推出了自动定价机制，依据国际石油价格和汇率对几乎所有的石油产品价格设定了上限。起初，虽然分销公司和零售商无权定价，但炼油厂和进口商可以依据这个公式设定自己的价格。燃油价格的全面放开始于2005年。在所有这三个国家——南非、菲律宾和土耳其——定价机制的详细信息及其执行情况都通过政府网站和其他媒体向公众传播。

采取这种机制并不是实现能源补贴改革可持续的万灵丹。一些国家在实施这些机制后不久便放弃了，部分原因是不愿将国际价格的剧烈上涨转嫁给消费者。加蓬在2002年8月国际油价开始上升时暂停了该机制。加纳在2001年2月前通过了自动机制，但于当年年底前暂停；虽然在2003年1月重启了该机制，但2003年6月即再次叫停。最近，其他撒哈拉以南非洲国家亦暂停了新采用的定价机制，包括冈比亚、塞拉利昂和多哥。这些机制的可持续性可以通过作为更广泛的结构性改革的一部分并予以宣传而得到增强，包括扩大有针对性的社会保障体系和社会支出计划。使用价格平滑规则也有助于避免价格大幅上涨。

#### 4.3.6.2 独立机构的重要性

可以把实施自动机制的责任委托给独立的机构。关于定价的技术性决定可以委托给独立的机构，以保证补贴改革按计划进行，在补贴被取消以后可以由该机构负责实施自动机制。许多成功实行了石油产品（包括南非和土耳其）和电力（包括亚美尼亚、肯尼亚、菲律宾和土耳其）补贴改革的国家都委托了独立的机构来负责改革和监管能源价格。

在土耳其，石油工业市场私有化的漫长过程开始于1990年，但全面放开价格直到2005年才实现。石油产品市场规则的建立归功于2003年通过的《石油市场法》，把监管的权力从政府转移到能源市场监管局，当时能源市场监管局已经是监管电力和天然气市场的独立机构。《石油市场法》不但有助于建立市场经济制度，而且使得土耳其遵从了欧盟的立法和其他国际义务。

#### 4.3.6.3　采用平滑规则

平滑规则可以被纳入自动定价机制，以避免国内价格急剧上涨（Coady 等，2012）。当国际价格急剧上升时，国家往往会放弃自动定价机制。例如，在中国，担心价格大幅上涨引发的政治和社会后果一直是阻碍采取自动定价机制的一个重大障碍。一些国家使用了平滑规则来应对这个问题，包括智利、哥伦比亚、马拉维、尼日利亚、秘鲁、泰国和越南。

如果通过适当的宏观经济政策加以支持，平滑机制也可以帮助抑制通货膨胀预期，抑制国际价格和汇率波动的影响。一些撒哈拉以南非洲国家正在考虑使用平滑规则，包括冈比亚、塞拉利昂和多哥。有了平滑机制，国际价格的急剧上升将被逐渐传递到国内价格。例如，能源价格变化的最大幅度可以被限制为，打比方说，在任何月份为当前消费价格的5%。

为了在中期保护财政预算，平滑处理必须对价格上涨（当补贴增加或税收减少时）和价格下跌（当补贴减少或税收增加时）均产生约束。政府选择执行多大程度的平滑取决于其在较低的价格和较高的财政波动之间的偏好。秘鲁在2004年通过了平滑规则，但只要跌幅处于一个固定的价格区间内，国际价格的变化仍会被完全传递给国内价格。当价格跌至此价格区间以外，成本（超过）或收益（不足）则被预算所吸收。自2010年以来，秘鲁已对区间价格限制进行了更新以反映国际价格的变动趋势，调整幅度被限制为5%。虽然稳定基金也被用于平滑价格上涨，但这些基金的经验有好有坏，曾有基金在国际价格大幅上涨期间耗尽外汇储备或招致大量的预算或有负债（智利、纳米比亚、秘鲁、菲律宾、泰国）。

#### 4.3.6.4　政府在自由化体制中的作用

从长远来看，对石油产品补贴改革的目标应该是全面放开定价。更加自由化的制度——其价格由私营部门供应商决定并随国际价格自由波动——在重新引入补贴方面往往比自动定价机制更稳健（Baig 等，2007）。在自由化的体制下，政府的作用是确保燃油市场具有竞争性，可以自由进入和退出该行业。运行良好的社会保障体系要在国家放松管制之前建立起来，以确保低收入群体能够免受未来价格上涨的冲击，从而避免再次引进补贴时的公众压力。自动定价机制的成功实施，通过使公众适应国内能源价格的频繁变化，可以为过渡到自由定价机制提供方便，还可以使私人供应商相信政府将不会回到有补贴的定价。菲律宾采用了这种方法，在1996年采用了自动定价机制作为其在1998年向自由化供应和定价体制过渡的一部分。

#### 4.3.6.5 小国继续发挥在电力行业价格管控中的作用

一些国家电力行业的市场规模小，限制了竞争和价格自由化的范围。许多新兴市场和低收入经济体的电力市场是很小的。在这种情况下，市场可能不支持存在多个可以利用规模效益实现以最低可能成本生产的公司。在这种情况下，价格管控是必要的，而竞争本身也不是该行业改革的最佳途径（Besant-Jones，2006）。价格应该由一个独立的机构来确定，并设定在既能避免补贴又能确保高效运营下有足够投资回报的水平。通过对大用户征收更高的电价，提高电价结构的累进性，也能在减少补贴支出的同时保护穷人。例如，许多非洲国家在资费结构的累进方面仍有余地。应当把重心更多地放在补贴接入而非电力消费上。

[第5章]

# 对撒哈拉以南非洲地区的案例研究

安东尼奥·大卫、法拉伊·纽纳姆、蒙塔兹·侯赛因、克莱拉·米拉、安东·欧普·德·贝克、维姆·塔库尔、吉纳维芙·维迪尔

## 5.1 石油产品补贴

### 5.1.1 加纳

#### 5.1.1.1 背景

加纳是一个人口超过2 400万的国家，拥有包括耕地和矿产在内的丰富的自然资源。该国近期发现了近海石油资源，并于2011年开始实现全年生产。虽然加纳的石油储量在全球范围内比较而言相对较小——预计目前Jubilee油田的产量将达到12万桶/日的生产峰值，但从新的发现来看，该国的石油生产还有相当大的潜力。此外，加纳正在为商业化利用天然气储量兴建基础设施，这可能会为降低能源成本和发展下游产业带来很大的益处。

自2004年以来，由于放松管制，石油销售公司被获准进入原油以及石油产品的进口和销售市场。在此之前，特马炼油厂（Tema Oil Refinery）对成品油的生产和进口处于垄断地位。此后，放松管制使得石油销售公司可以进入原油以及石油产品的进口和销售市场。在现行机制下，所有石油产品都有一个相应的定价公式。当前的价格调节机制是2005年改

革之后的结果，虽然其与最初的设想有所不同。国家石油管理局（National Petroleum Agency）成立于2005年，每月会对燃油价格审查两次，并基于一个与前两周国际油价变化相关的回溯性公式，向国家能源部长提供关于成本回收水平的调价建议。

行政机关拥有调整零售价格的自由裁定权。如果价格上涨是必要的却并未实施，那么补贴成本原则上由财政预算承担。然而，在过去，是特马炼油厂承担了补贴的成本，石油产品定价过低给特马炼油厂带来了巨额损失并以不良贷款的形式蔓延到金融行业。政府最终被迫以巨大的财政预算成本为代价清偿了特马炼油厂拖欠银行业的负债。自2010年10月以来，一项基于期权的对冲方案对石油价格上涨也形成了一定的暂时性缓冲。政府每月买进看涨石油期权，在全球石油价格上涨时便可以从中获利；产生的收益用于补偿国内油价在短暂滞后调整至成本回收水平的过程中所出现的亏损（国际货币基金组织，2011a）。表5-1是2000—2011年加纳的主要经济指标。

表5-1 2000—2011年加纳主要经济指标

| | 2000 | 2003 | 2008 | 2010 | 2011 |
|---|---|---|---|---|---|
| 人均GDP（现价美元） | 400 | 563 | 1 266 | 1 358 | 1 580 |
| 实际GDP增长率（%） | 4.2 | 5.1 | 8.4 | 8 | 14.4 |
| 通货膨胀率（%） | 25.2 | 26.7 | 16.5 | 10.7 | 8.7 |
| 财政余额，现金（占GDP的百分比，%） | −6.7 | −3.3 | −8.5 | −7.2 | −4.1 |
| 公共债务总额（占GDP的百分比，%） | 123.3 | 82.8 | 33.6 | 46.3 | 43.4 |
| 经常账户余额（占GDP的百分比，%） | −6.6 | 0.1 | −11.9 | −8.4 | −9.2 |
| 石油进口额（占GDP的百分比，%） | −7.1 | −5 | −8.3 | −6.9 | −8.3 |
| 石油出口额（占GDP的百分比，%） | 0 | 0 | 0 | 0 | 7.2 |
| 人均石油消费量（升） | — | 91.1 | 91.4 | 98.7 | 110.7 |
| 贫困人口比例（占人口的百分比，%），按每天1.25美元（购买力平价）衡量 | 39 | — | 30 | — | — |

资料来源：国际能源署；国际货币基金组织，《世界经济展望》；世界银行，《世界发展指标》。

#### 5.1.1.2　自2001年以来的改革

在过去10年中，加纳曾多次尝试放开燃油价格（见图5-1）。2001年，零售油价被上调了91%，其部分原因是为了恢复特马炼油厂的财务健康状况。在2000年，石油价格调整延迟，导致国有公共能源公司大规模累积亏损，亏损额达到了GDP的7%（国际货币基金组织，2001）。然而，面对全球物价上涨和货币贬值，改革很快便遭到废止。特马炼油厂的亏损大部分转嫁给了国有的加纳商业银行，致使银行的偿付能力受到威胁。

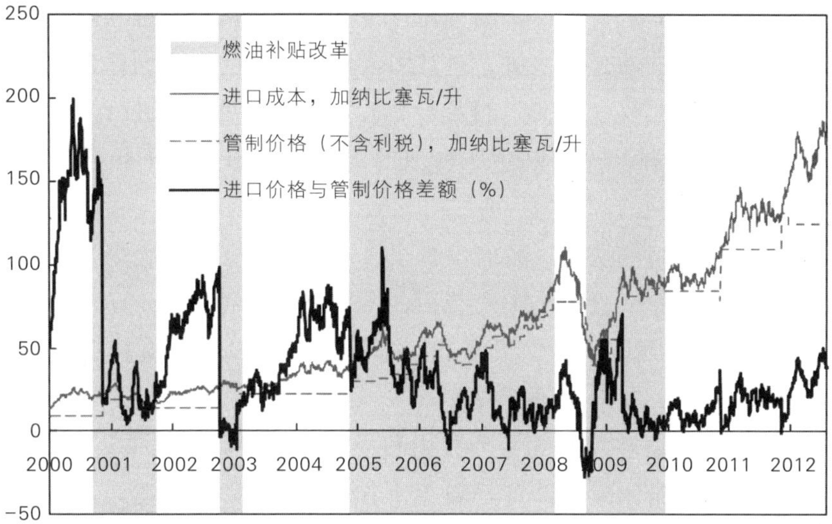


图5-1　2000—2012年加纳燃油价格的变动

2005年的改革迎来了一个以市场为基础的燃油定价时期。但是，政治因素仍然不时干扰着这个进程。

资料来源：国际货币基金组织估算；国家能源署（加纳）。

政府认识到特马炼油厂和加纳商业银行的财务状况难以为继，于是在2003年年初将零售油价上调了90%以使油价恢复到成本回收价格。但面对价格上涨的普遍反对，政府在2004年大选年前又部分回调了价格并放弃了成本回收水平目标，直到2005年才重启价格调整。2004年，特马炼油厂获得的补贴达到了GDP的2.2%，该公司继续从加纳商业银行贷款以维持运营（国际货币基金组织，2005a）。

### 5.1.1.3 策略性缓解措施

2005年在放松石油产品价格管制的同时实行了策略性措施，以确保改革活动获得广泛的民众支持。该策略以充分的研究、沟通和保护弱势群体方案作为支撑，所有这些形成的合力促进了改革的成功实施。

• 研究。关于取消燃油补贴对贫困人口和社会影响的一项评估表明，补贴方案的针对性较弱，绝大部分补贴利益被富人取得（Coady和Newhouse，2006）。

• 沟通。政府进行了广泛的沟通宣传活动，包括由总统和财政部长发起的宣传改革好处的公开演讲。对贫困人口和社会的影响的评估结果被公开，并在与包括贸易联盟在内的各方利益相关者的对话中进行了讨论。政府也解释了从能源产品补贴中所释放的资金将被部分用于社会优先领域（全球补贴研究中心，2010）。

• 对贫困人口的扶助。政府出台了许多旨在减轻对最脆弱人群的影响的方案，包括免除公立中小学的费用，增加公共交通巴士，设定公共交通票价上限，为贫困地区提供更多的医疗卫生资助资金，提高最低工资标准，对农村地区的电气化进行投资。

公开的价格调整规则的管理权力移交到了新成立的国家石油管理局。价格监管权移交给国家石油管理局意味着将价格调整的决策与政治干预隔离开来。政府持续多年掌握着定期调价，价格调整的平均幅度为50%。然而，由于2007—2008年全球燃油和粮食危机以及2008年大选来临，自动调价机制被暂停。

国家石油管理局是主要的监管机构，每两周发布一次回收成本所需的价格调整。最近几年价格需要上调时，差额通常由预算或者最近是通过套期保值的利润来弥补。这就造成了在套期保值的利润已经用尽且财政负担过重时，价格需要作出大幅非常规的调整。2011年有两次价格调整，分别是1月份上调30%和12月份上调15%。除年初有小幅下调外，2012年没有调价，国内与国际油价之间的差距在货币贬值的催化下大幅拉开（国际货币基金组织，2012b和2012c）。

#### 5.1.1.4　经验和教训

从加纳过去10年的经历可以总结出许多经验和教训。

改革的持久性在很大程度上取决于政治意愿以及监管机构面对政治干预的独立性。没有这些条件则难以维持一个独立的监管机构。国家石油管理局没有行政部门的同意不能自行调整价格，自2011年1月以来价格调整的次数只有3次（向下1次）。虽然民选政府具有更强的决心实施艰难的改革，但对自动调价的坚持在面临选举时往往也会动摇。

与利益相关者和广大民间组织就补贴的成本不断对话对于坚守改革是必要的。近期的价格调整并没有伴随着类似2005年那样的广泛的公众信息宣传活动。物价上涨一直缺乏规律、难以预测，而且通常临近实施之前才公布。这可能会招致各种利益相关者包括强大的工会组织的强烈反对并会破坏政府的努力。2005年竞选活动的成功也是因为发动了民间组织，而且通过公开贫困和社会影响评估结果有力地证明了燃油补贴的成本。

研究和分析的支持对于说服公众相信改革所带来的好处很重要。在2005年的改革中，贫困和社会影响评估对证明补贴的成本起到了至关重要的作用。评估报告还强调了燃油补贴对于反贫困是一项低效的政策：在加纳，仅有不到2.3％的燃油补贴支出惠及穷人。

引起公众注意的缓解措施能加大改革成功的可能性。虽然燃油补贴的针对性较弱，但仍然惠及了大多数如果不是所有的公民，其好处是立竿见影的，而且与其他社会方案相比更容易理解，移除补贴会立刻且显著地增加个人成本——尤其是对没有收入缓冲的穷人，除非他们获得替代性补偿。因此，改革成功的一个关键要素是将取消燃油补贴所节省的资源大幅有效地重新分配到使弱势群体直接受益的福利计划上。在加纳，通过“反贫困民生营造”计划以及增加卫生和教育支出扩大现金转移是很好的选择[①]。

---

① 据世界银行称（2012a），“反贫困民生营造”是其中最有针对性的扶贫方案。与此形成鲜明对照的是，过多惠及那些高收入阶层的燃油补贴，在2012年的5月和8月里每周的花销就达到了“反贫困民生营造”的年度预算水平。

### 5.1.2 纳米比亚

#### 5.1.2.1 背景

纳米比亚是撒哈拉以南非洲最富裕的国家之一，其拥有相对稳定的宏观经济环境，但该国的收入不平等和失业形势严峻。矿产品出口、来自南部非洲关税同盟的转移支付以及以往稳健的财政政策帮助纳米比亚政府在保持经济增长的同时维持了财政和经常账户盈余。纳米比亚的通货膨胀水平与南非的通胀率紧密相连（其货币紧盯南非的兰特币），2008年8月在国际油价飙升的推动下达到了11.9%的峰值，此后便保持在了个位数以内。由于能源密集型产业的主导地位，如渔业和采矿业，纳米比亚经济对于国际燃油价格的变化很敏感。

纳米比亚以政治稳定和运行较为良好的民主制度为特点。执政党占据主导地位，并且自1990年独立以来便以绝对的多数票优势在选举中获得连胜。劳动的组织程度相当高，最大的工会联合会——纳米比亚全国工人联盟，是执政党的坚定政治盟友。表5-2列出了2000—2011年该国主要宏观经济指标。

纳米比亚有着众多受政府正式资助的社会福利计划。在2005—2011年，社会保障、福利和住房支出平均约占GDP的5%。政府对弱势群体的扶助包括对老年人和残疾人的普遍的社会养老保险体系、各种对幼儿的补助、基于劳动力的工作计划以及庇护所和住房计划。尽管存在一定的缺点，如纳入和排除的错误，但有传闻证据表明纳米比亚拥有针对性较强的社会保障体系。

纳米比亚通过议会法案对液体燃料下游市场进行管理，规定了明确的参数来计算燃油价格。根据这些法案，汽油和柴油实行价格管制，而所有其他石油产品的价格由市场决定。该国没有炼油能力，主要通过沃尔维斯湾港从南非进口精炼燃油。由矿业与能源部实施行业监管，而其国有企业——纳米比亚国家石油公司（Namcor）是政府在市场上的业务部门。参与石油产品销售的有5家私营公司：BP、加德士、英振（Engen）、壳牌和道达尔。每家私营公司通过自己的网络分销渠道提供供给，但共用沃尔维斯湾的进口和储存设施。1999年，Namcor被政府授权进口纳米比亚石油

表5-2　　2000—2011年纳米比亚主要宏观经济指标

| | 2000 | 2003 | 2008 | 2010 | 2011 |
|---|---|---|---|---|---|
| 人均GDP（现价美元） | 2 139.7 | 2 607.9 | 4 276 | 5 244.1 | 5 828.2 |
| GDP增长率（%） | 4.1 | 4.3 | 3.4 | 6.6 | 4.9 |
| 通货膨胀率（%） | 9.3 | 7.2 | 10.4 | 4.5 | 5.8 |
| 财政余额（占GDP的百分比，%）* | −0.9 | −6.1 | 2.4 | −4.2 | −11.3 |
| 公共债务总额（占GDP的百分比，%）* | 20.4 | 26.4 | 18.2 | 16.2 | 27.4 |
| 经常账户余额（占GDP的百分比，%） | 7.9 | 6.1 | 2.8 | 0.3 | −1.7 |
| 石油进口额（占GDP的百分比，%） | 3.5 | 4.5 | 2.4 | 5.3 | 5.9 |
| 石油出口额（占GDP的百分比，%） | 0 | 0 | 0 | 0 | 0 |
| 人均石油消费量（升） | — | 491.5 | 596.2 | 731 | 812.9 |
| 贫困人口比例（占人口的百分比），按每天1.25美元（购买力平价）衡量 | — | 31.9 | — | — | — |

资料来源：国际能源署；国际货币基金组织，《世界经济展望》；世界银行，《世界发展指标》。

注：*数字为财年数据，从4月1日开始。

的50%，剩余50%则由私营公司供给。近期由于Namcor运营困难，该比例有所下降。

柴油和汽油的零售价格设定是基于一个由3部分组成的公式：基于国际现货价格的基准燃油价格，国内燃油附加费和税收，以及所谓的“蓝卡账户”（slate account），其本质上是用来平滑国内零售价格波动的。蓝卡账户，由矿业与能源部进行监控，是用来跟踪私营燃油进口公司回收不足或超额程度的名义记录。然而，价格公式不是完全自动的，矿业与能源部拥有传递程度的裁量权，可以允许回收不足由蓝卡账户弥补。

#### 5.1.2.2　20世纪90年代和21世纪初的燃油价格改革

据矿业与能源部称，纳米比亚放开燃油价格的最初动机是为了消除从国家能源基金发放的燃油补贴，并更加有效地应对国际油价变化。好几个与管理石油和汽油产品方案相关的问题可能是引发改革的因素（Amavilah，1999）。1990—1996年，国家能源基金补偿方案的财政成本总额约为1.7亿纳米比亚元，约占国内生产总值的0.2%（见图5-2）。虽然从国家能源基金支出的财政费用占GDP的比重看似较小，但并不包括可能已直接支付给Namcor的转移支付或因该公司亏损所产生的准财政成本。Namcor有时会获得政府的直接转移支付，由于其不参与蓝卡方案，因此不通过蓝卡账户获得回收不足的补偿。这些补贴也可能会降低石油公司通过提高效率来减少损失的积极性。

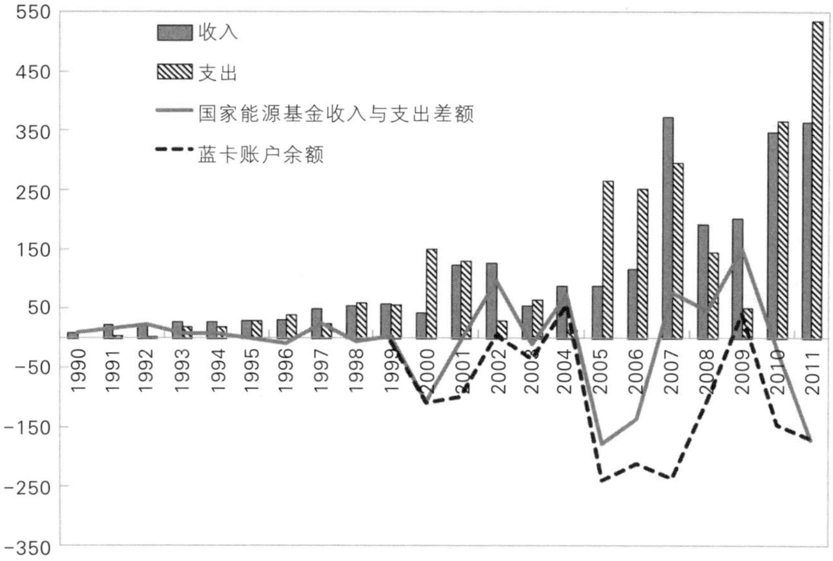


图5-2　1990—2011年纳米比亚国家能源基金和蓝卡账户（百万纳米比亚元）
用于平滑燃油价格的资金随着时间推移出现了大幅波动。
资料来源：纳米比亚银行，2005年3月季报。

采用新的价格机制后，理论上蓝卡账户应该是通过价格调整来实现平衡。具体而言，调价公式应该将价格调整维持在使蓝卡账户平衡保持在3亿纳米比亚元的预设水平内。然而，在实践中，有时为了平衡蓝卡账户，需要先从预算转移支付到国家能源基金，然后再转付到蓝卡账户（见图5-2）。每次价格调整时，所有等级的汽油和柴油的批发价格都刊登在政府公报中。税收收入数据则在预算文件中公布。

矿业与能源部对价格放开和取消补贴采取了系统、平衡和协商的方式。在矿业与能源部长主持下，国家能源委员会于1996年成立了国家放松管制特别工作组以通过协商方式审查燃油价格放开。这最终推动了1998年能源政策的白皮书的发表，其中在其他事项之外，清楚地提出了有针对性地保留偏远地区补贴、逐步放松管制和加强政府燃油税收透明度的重要性。每季度进行价格审核的燃油价格机制于1997年获得通过。

国家能源基金支付的补贴支出仅在2001年以后才开始出现下降。也就是在白皮书发表的整整3年之后，这表明实施燃油补贴清理是需要时间的。此外，如图5-2所示的蓝卡账户余额所示，私营公司是在2001年之后才实现接近全额的成本回收的。

纳米比亚国内燃油价格从2003年起开始稳步增长，到2007年初翻了一倍多，并于2008年7月达到了顶峰。为了应对2007—2008年的燃油价格冲击，当局将燃油价格季度调整改为每月审查燃油价格从而增加传递。然而，矿业与能源部不允许零售价格同国际价格等幅上涨，而是从国家能源基金拨付资金给私营石油企业以补偿其维持低于成本回收价格的油价，进而补贴包括强大的出租车司机利益集团在内的用户。然而，当局在2008年7月宣布，由于回收不足的原因，国家能源基金已面临资金压力，不再为燃油价格的上升提供缓冲。

总体来看，虽然燃油价格已经基本与国际油价同步，但政府仍不时向限制国际价格变化充分传递的压力妥协。在2006—2007年，为了弥补国家能源基金的累计亏损，政府实施了2.06亿纳米比亚元（GDP的0.4%）的一次性预算拨款。政府还面临因Namcor经营亏损所产生的或有负债。2009年，Namcor产生了2.57亿纳米比亚元的经营亏损，促使政府对其给予了1亿纳米比亚元的赠款、2.6亿纳米比亚元的救助计划（GDP的0.5%）和现有燃油附加费的一部分（0.08纳米比亚元/升），以帮助改善这个国有油企的财务状况。最近，Namcor因经营困难在2011年2月丧失了其提供纳米比亚燃油总需求的50%的授权，详见图5-3。

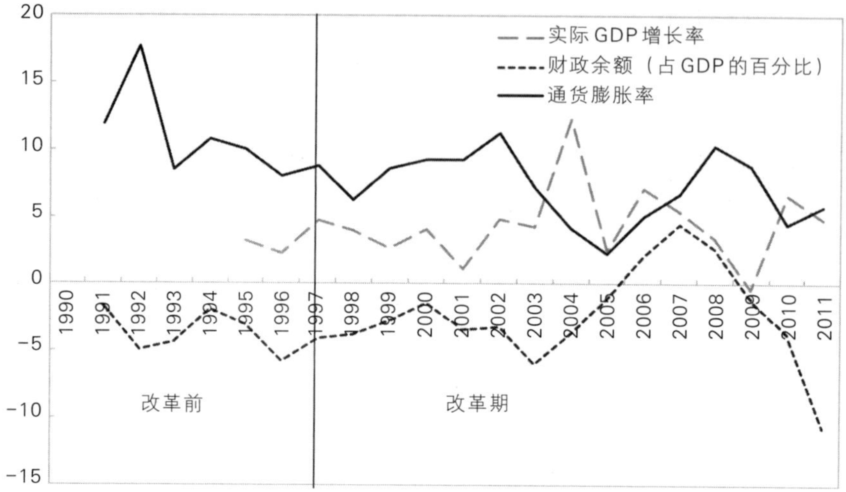


图 5-3　1990—2011 年纳米比亚宏观经济发展与燃油补贴改革

燃油补贴改革有助于巩固纳米比亚的宏观经济稳定。

资料来源：纳米比亚当局。

#### 5.1.2.3　缓解措施

已经有不少针对燃油价格上涨的缓解措施对燃油价格平滑机制形成了补充。不同于该国的南部非洲关税联盟伙伴，虽然出租车司机对燃油价格上涨有所抱怨，但纳米比亚没有发生针对燃油和食品价格上涨的暴力抗议。部分原因可能是矿业与能源部实施的燃油价格平滑机制以及 2008 年实施的解决贫困和减轻高燃油和食品价格瞬时影响的其他缓解措施。缓解措施包括对规定食品实施的零增值税税率、对食物进口商的返还机制和对最脆弱群体的食物发放计划。此外，农村燃油零售价格作为政府社会经济政策的一部分获得了补贴，通过补贴偏远地区的运输费确保了偏远地区的燃油零售价不被零售商的运输成本抬高。对实际运输交付补偿的申请由石油公司提交给矿业与能源部，并且这部分补偿从国家能源基金发放。

#### 5.1.2.4　经验和教训

全面规划与逐步实施是改革成功的关键。纳米比亚当局进行了全面的规划，包括与民间社会广泛协商，最终形成了一个保留偏远地区针对性补贴的全面的改革计划。

改革的逐步实施，给政府和各利益相关方之间建立共识留出了足够的时间。

采取平滑机制实施价格调整有助于防止社会动荡。改革建立了一个与国际价格变化同步的季度（后来为月度）价格调整机制，但引入了价格平滑机制以避免价格急剧调整。加之其他缓解措施的引进，使纳米比亚得以在2008年和2011年的价格大震荡中免于发生社会动荡。

价格调整机制的去政治化因国有能源公司的法律义务规定而受到阻碍。法律规定国家石油公司对石油产品进口和供应的参与似乎阻碍了价格调整机制的完全去政治化（即允许回收不足延续），其反过来又造成了石油公司发生巨额亏损，并不得不依靠财政转移支付来弥补。这表明价格平滑机制需要精心地设计。

### 5.1.3　尼日尔

#### 5.1.3.1　背景

尼日尔是一个非常容易受到外部冲击的内陆大国，主要是来自气候条件和商品价格的冲击。在过去的10年中，经济增长虽然曾遭受重大挫折，但已经慢慢聚集了势头。尼日尔的中期增长潜力与石油和采矿（铀矿）部门的扩张联系紧密。该国近期成了燃油出口国，随着目前正在开发的重要矿山的投产，预计铀的产量在不久的将来会翻倍。此外，该国刚刚签署了5个新的石油产量分成协议，有可能会成为原油出口国。一个连接尼日尔和乍得及喀麦隆输油管的新管道已在构想中。表5-3列出了2000—2011年尼日尔的主要宏观经济指标。

尼日尔排在联合国开发计划署统计的人类发展指数的底部，2010年人均GDP仅为720美元（按购买力平价计算），是世界上最低的国家之一。尼日尔政府高度集权。当前政府从2011年4月开始执政，继2010年2月政变后历经了为期一年的向民主过渡的过程。此后，政治局势已经稳定，尽管根据世界银行（2012b，第2页）评估其仍有政治脆弱性的危险，“在政府未能提供明确的结果时可能会出现民众支持的迅速下滑和政治僵局”。

表5-3　　2000—2011年尼日尔主要宏观经济指标

| | 2000 | 2003 | 2008 | 2010 | 2011 |
|---|---|---|---|---|---|
| 人均GDP（现价美元） | 155 | 223.8 | 361 | 363.6 | 420.7 |
| GDP增长率（%） | -2.6 | 7.1 | 9.6 | 10.7 | 2.2 |
| 通货膨胀率（%） | 2.9 | -1.8 | 10.5 | 0.9 | 2.9 |
| 财政余额（占GDP的百分比，%） | -3.8 | -2.8 | 1.5 | -2.4 | -3 |
| 公共债务总额（占GDP的百分比，%） | 118.8 | 90.1 | 21 | 23.7 | 29.2 |
| 经常账户余额（占GDP的百分比，%） | -6.7 | -7.5 | -13 | -19.9 | 24.7 |
| 石油进口额（占GDP的百分比，%） | 4 | 2.4 | 3.8 | 4.7 | 4.7 |
| 石油出口额（占GDP的百分比，%） | 0 | 0 | 0 | 0 | 0 |
| 人均石油消费量（升） | — | — | 36.4 | 33.1 | 34.3 |
| 贫困人口比例（占人口的百分比，%），按每天1.25美元（购买力平价）衡量 | — | — | 43.6 | — | — |

资料来源：国际能源署；国际货币基金组织，《世界经济展望》；世界银行，《世界发展指标》。

随着该国的新炼油厂SORAZ开始运作，尼日尔自2012年年初以来基本停止了燃油进口。直到2011年年底为止，尼日尔只是一个石油进口国，其市场规模很小，国内年消费量约为每日7 000桶。国有公司SONIDEP垄断了进口和分销。新炼油厂预计将达到最多20 000桶/日燃油的产能，包括汽油、柴油和液化石油气。SORAZ生产的石油产品中约1/3供给国内市场，其余用于出口。SONIDEP则负责销售石油产品。

本案例研究的重点是尼日尔作为石油进口国的时期，即到2011年年底为止。尼日尔在2001年国际货币基金组织给其提供的技术援助支持的基础上，制定了一个近似完全传递规则的定价公式以实现进口石油产品价格的自动调整。2010年，国际货币基金组织财政事务部准备了一份记录以支持当局消除税后燃油补贴的计划，并在与国际货币基金组织的协商下准备了评估函。

#### 5.1.3.2　自2001年以来的燃油价格改革

根据2001年在国际货币基金组织技术援助下建立的公式，国际价格的自动传导应当通过一个灵活、透明且自动的机制来实现。一旦国际价格的变化超过了5非洲法郎，零售价格将按月调整。否则，零售价格不变，税收将抵销价格的增加或减少。该定价公式包含了燃油进口成本（港口到岸进口价格）、估计的成本与进口并分销燃油给国内消费者的利润（储存和分销利润）、净燃油税（从价计征关税和增值税以及特定的消费税）。该国曾有过设立一个法定的多部门机构来负责公式应用的设想，但实际上从未实行。

由于2005年国际价格开始回升，一个明确的补贴成分被引入了公式。补贴最初被用来平滑国内价格。其后，随着国际进口价格快速稳步上升，直到2008年中期，为了持续维持固定的国内零售价格，提高了补贴成分。国际价格上涨和欧元的贬值导致2010年补贴显著增加。由于尼日尔燃油价格远低于某些邻国，走私的增加导致燃油进口强劲上升。

进口价格变动但零售价格未作出相应调整致使政府燃油税收入减少。燃油税的财政净贡献从2005年的占GDP的1%降到了2009年的0.6%和2010年的0.3%。对石油产品的补贴费用达到了GDP的1%以上。虽然这种现象在所有产品中都存在，但汽油的税收下降情况更为明显，从2005年的占GDP的0.8%的峰值下降到了2009年的占GDP的0.3%。柴油税净额也有所下降，从2005年的占GDP的0.3%下降为2009年的占GDP的0.2%。煤油税净额在此期间已持续为负值，虽然其财政成本有限，因为煤油的消费比例很低。

当补贴达到不可持续的水平，当局决定开始实施逐步取消补贴的战略。补贴的规模及其极为累退的分配影响，是当局决定消除它的一个关键因素。确实，从补贴中受益较多的人群是消耗更多汽油的高收入群体。虽然汽油消费如此，但煤油和灯油则不尽然，因为低收入群体对其的消费更普遍。燃油价格在2010年中期被上调了12%（见图5-4和图5-5）[①]。

---

① 汽油、煤油和柴油的价格加权平均值。完全传递公式中包括进口价格、税收和利润。在这两种情况下，提价都被作为国际货币基金组织签发评估函并继续进行信贷融资扩展支持项目审查的先决条件。

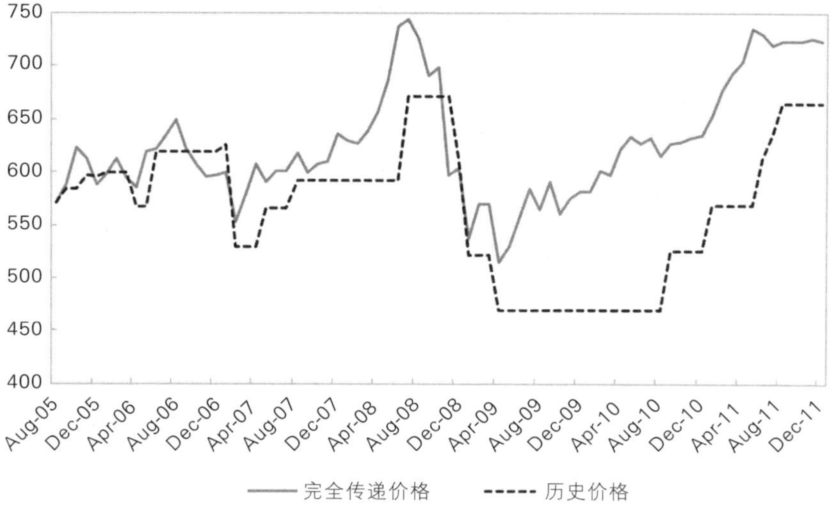


图5-4 2005—2011年尼日尔燃油价格的变动（中非法郎/升）

国内油价倾向于随国际价格滞后波动。

资料来源：国际货币基金组织财政事务部数据和尼日尔当局。

计划的改革包括两个步骤。首先，国际油价的变化将从2011年6月开始传递到国内价格。然后，现有的补贴将在随后的12~18个月内被逐步取消。燃油价格在2011年中期上涨了约8%。其结果是，虽然补贴还没有被完全消除，但已被显著降低了，2011年用于燃油补贴的总额被控制在低于2010年的水平（GDP的1.1%）。

国家的具体情况和政治局势在改革的设计与推进中起着重要的作用。首先，国内燃油生产即将开始，突出了取消补贴的紧迫性。当局认为在国内刚开始生产的时候涨价在政治上将是无法接受的。事实上，社会期望与此恰恰相反：国内生产开始后燃油价格随之降低。其次，最初的改革是由一个过渡性的政府实施的（在2010年年末和2011年年初），其自身对于推进一个如此敏感的改革进程的合法性缺乏信心。

为提高公众对该问题严峻性的认识，预算中第一次明确反映了补贴的费用。这有助于给取消补贴营建一个合适的环境。此外，为了有助于克服既得利益并获取来自民间社会的支持，政府推出了公共宣传活动，指出该

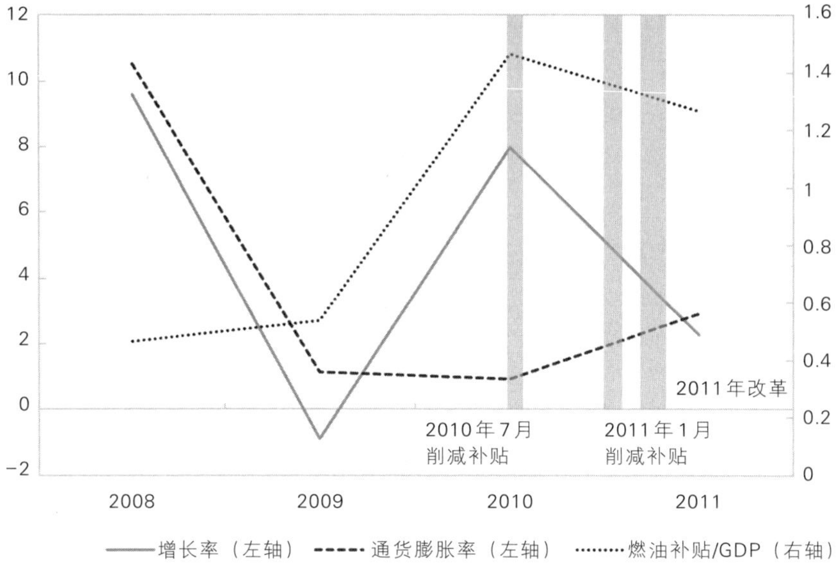


图5-5　2008—2011年尼日尔宏观经济发展与能源补贴改革（占GDP的百分比或比率）

尼日尔曾试图在宏观经济运行动荡的背景下遏制燃油补贴。

资料来源：国际货币基金组织工作人员的估计。

补贴的累退性质以及将石油价格上涨所节约的资金用于社会优先支出。

当局决定采用联合所有利益相关者协商一致的改革方式，成立了专门的委员会（Comité du Différé）来讨论推进改革以及后续落实的最佳方式。在这样的背景下，对话和建立共识成了改革过程取得积极成果的关键。

改革的结果是，零售价格从2011年6月起开始提高，一直持续上涨到2011年8月，但从9月至该年年底保持在固定的水平。事实上，月度补贴费用在2011年5月达到近40亿非洲法郎，在8月以后又减少为一半。由于认为国内价格与该国所处地区的价格一致，当局在9月决定停止提价。

然而，尼日尔一开始生产燃油，定价便低于国际价格。由于当局和石油行业的外国投资者之间的协议，SORAZ开始分别以336非洲法郎/升和340非洲法郎/升的价格出售其汽油和燃油产品，均低于国际价格。炼油厂运行的前6个月价格固定不变，之后成品油价格则应当根据盯住世界市场价格的公式进行设定。尽管如此，价格并未发生改变。最近，政府和运输工会已达成一项协议，目的是制定进一步降低燃油零售价格的提案。其结果是，从2013年开始，燃油税（石油产品的国内税）将从15%降低到12%。

补贴改革与燃油和石油初始生产的重合使尼日尔成为一个非常特殊的案例。因此，在这一阶段难以评估如果国内生产没有在同一时间开始燃油补贴改革的话持续度会如何。

#### 5.1.3.3 缓解措施

近期的燃油价格改革还实行了缓解措施以防止增加贫困人口的交通成本：

补贴交通部门。在与民间社会和私营部门经营者进行谈判之后，引入了交通部门直接补贴（票价调节器），因为这个部门是受提价影响最严重的，而且低收入人群更多地使用公共交通工具。补贴政策的成本仍然被大幅降低了，因为缓解措施的成本（小于国内生产总值的0.1%）显著低于补贴本身。

增加社会开支，向教育倾斜。停止燃油产品补贴给2012年预算中的社会开支提供了空间，较2011年增加了19%，尤其侧重于对教育的投入。2012年年初招聘了4 000名新教师使公共部门工资支出总额增加。

#### 5.1.3.4 经验和教训

有必要正确地理解燃油补贴问题的严重程度。确定补贴的发生率还有助于确保坚守改革。

提高全社会对该问题的认识非常重要。使用明确的预算记录将补贴成本透明化在尼日尔被证明非常有用。恰当的公共宣传活动对于确保社会对改革的支持起到了至关重要的作用。在尼日尔，电视和广播就此问题进行了讨论。

民主参与的方法很有价值。采用参与式的决策方法也很有用，特别是通过设立一个专门的委员会。

需要留出充足的时间来建立支持。需要有足够的时间来解释、洽谈和实施改革。找到改革动力、与利益相关者建立共识和得到社会支持需要时间。就尼日尔而言，确保所有利益相关者都参与且同意改革的主要内容花了半年左右的时间。

邀请财务合作伙伴是有帮助的。邀请合作伙伴有助于确保对该问题有足够的信息并产生启动改革进程的压力。需要在改革进程的助力方和主人公之间达成一种微妙的平衡。

确保缓解措施惠及受影响最大的群体至关重要。相应措施可以根据详细地分析谁是受影响最大的弱势群体而采取有针对性的补贴。

如果一国是石油出口国，燃油补贴改革会变得更加复杂。在这种时候，该国可能更难以抵抗民间社会对大幅降低石油价格的期望和压力。

### 5.1.4　尼日利亚

#### 5.1.4.1　背景

尼日利亚是世界第五大石油出口国。石油和天然气部门产值约占GDP的25%、政府一般性财政收入的75%和出口总额的95%以上。尼日利亚的联邦主义财政关系相当复杂，大量的（且宪法规定的）石油收入在联邦政府、36个（产油和非产油）州以及各级地方政府之间进行分享。表5-4列出了2000—2011年尼日利亚的主要宏观经济指标。

尼日利亚政府设定了煤油和汽油的最高价格以及柴油的标杆价格[①]。这个体系成立于2003年，其核心是石油产品定价管理局（Petroleum Products Pricing Regulatory Agency），由其每月设定这些产品的价格。该机构采用进口平价，但也力图在石油援助基金的帮助下稳定物价。当总成本低于最高价格，其通过“超额回收”获益；如果高于最高价格，则存在“回收不足”。任何超额回收将被存入石油援助基金以补充预算拨付资金，而回收不足则用石油援助基金进行补偿。石油产品定价管理局会在其网站上发布煤油和汽油产品定价的模板，显示最高价格、进口燃油的估计费用

① 柴油于2007年放松管制，不再被补贴。

（即所谓的着陆费用）以及国内分销成本，并分解为交易保证金和费用，所有这些都受到管制。

表5-4　　2000—2011年尼日利亚主要宏观经济指标

| | 2000 | 2003 | 2008 | 2010 | 2011 |
|---|---|---|---|---|---|
| 人均GDP（现价美元） | 390 | 524.3 | 1 401.2 | 1 465.1 | 1 521.7 |
| GDP增长率（%） | 5.3 | 10.3 | 6 | 8 | 7.4 |
| 通货膨胀率（%） | 6.9 | 14 | 11.6 | 13.7 | 10.8 |
| 财政余额（占GDP的百分比，%） | 12.4 | −4.3 | 1.7 | −4.2 | 0.1 |
| 公共债务总额（占GDP的百分比，%） | 84.2 | 63.9 | 11.6 | 15.5 | 17.2 |
| 经常账户余额（占GDP的百分比，%） | 12.5 | −5.9 | 14.1 | 5.9 | 3.6 |
| 石油进口额（占GDP的百分比，%） | 5.1 | 2.5 | 5.2 | 4.9 | 7.9 |
| 石油出口额（占GDP的百分比，%） | 49.8 | 39.2 | 40.6 | 32.7 | 36.9 |
| 人均石油消费量（升） | — | — | 88 | 79.2 | 93.5 |
| 贫困人口比例（占人口的百分比，%），按每天1.25美元（购买力平价）衡量 | — | — | 33.7 | — | — |

资料来源：国际能源署；国际货币基金组织，《世界经济展望》；尼日利亚当局；世界银行，《世界发展指标》。

尼日利亚对煤油和汽油的补贴使政府承担了一笔很高的费用。国内燃油定价从未对不断变化的国际价格作出足够的响应。进口商通常都无法收回成本，因此石油援助基金从一开始就从未收到付款，只进行支付。由于管制价格和进口平价之间的差距拉大，补贴费用从2006年的占GDP的1.3%上升到2011年的占GDP的4.7%。2011年，给石油援助基金的预算拨款只占GDP的0.6%，补贴资金来自尼日利亚的石油稳定基金（超额原油账户）。价格差距助长了向邻国走私的泛滥和其他滥用（如汽油进口高报），这些都导致成本上升。详见图5-6和表5-5。

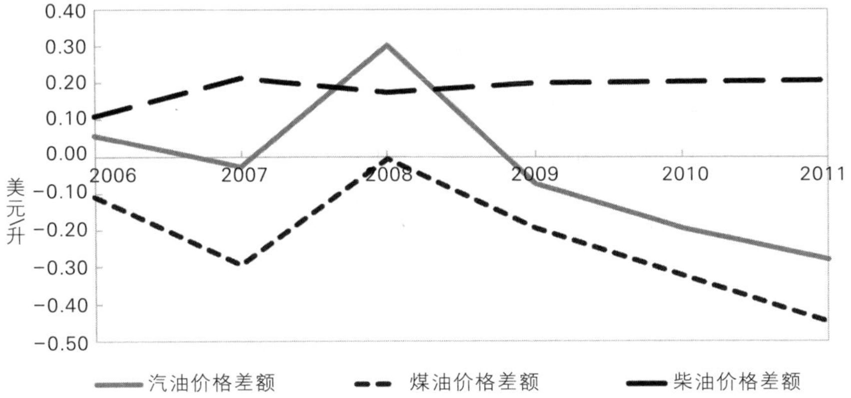


图5-6　2006—2011年国际和尼日利亚国内成品油价格
（国际价格与国内价格之间的差额）

尼日利亚国内燃油价格相对于国际价格存在大幅差距。

资料来源：国际货币基金组织工作人员的测算。

表5-5　2006—2012年尼日利亚燃油价格和燃油补贴的发展

| | 2006 | 2007 | 2008 | 2009 | 2010 | 2011 | 2012 |
|---|---|---|---|---|---|---|---|
| 燃油补贴（十亿奈拉）* | 251 | 290 | 637 | 399 | 797 | 1 761 | 1 570 |
| 燃油补贴（占GDP的百分比，%）* | 1.3 | 1.4 | 2.6 | 1.3 | 2.3 | 4.7 | 3.6 |
| 燃油价格（奈拉/升） | | | | | | | |
| 柴油（放开的） | 81 | 90 | 118 | 94 | 112 | 152 | 144 |
| 煤油（含补贴的） | 50 | 50 | 50 | 50 | 50 | 50 | 50 |
| 汽油（含补贴的） | 65 | 70 | 70 | 65 | 65 | 65 | 97 |

资料来源：国际货币基金组织工作人员的计算和预测；尼日利亚当局。

注：*2012年包括约占GDP1%的一次性支付以结清2011年累积的欠款。2011年为估计值，2012年为预测值。

补贴制度还阻碍了对国内炼油产能的投资。2000年以来发行的20个炼油许可证都还尚未被使用。尽管尼日利亚每天约生产250万桶石油，但其严重依赖燃油产品的进口。4大国有炼油厂有时只使用了大约20%的产能且很少超过40%，约只能满足国内需求的20%。

#### 5.1.4.2 自2011年以来的改革

2011年中期政府决定迅速削减汽油补贴，在该年余下的时间里发起了公众宣传活动以说服民众。最初有几个州的州长支持取消燃油补贴，因为想要腾出资源来支付其公务员的新最低工资标准。该议案在媒体上受到来自企业和民间社会团体的激烈辩论，并在该年余下的时间里在国民议会中被讨论，政府则极力试图给出一个令人信服的理由。在2012年1月1日，汽油价格提高到成本回收水平——增长了117%。煤油主要为贫穷家庭的烹饪燃油，其价格维持不变。然而，为了应对激烈的社会动荡，政府撤销了1月中旬提价49%的政令。显然，即使争论了6个月，该措施并没有获得足够的公众支持。

政府取消补贴的宣传要点是“补贴再投资和赋权”（SURE）计划。SURE计划在11月才公布。在此之前，总统和预算文件的公开声明（如《2012—2015年中期支出框架》和《财政战略文件》）中突出了补贴的成本、构建用于减轻取消补贴对社会贫困阶层影响的安全网、新建和恢复现有炼油厂所需的支出。SURE宣传册总结了政府取消补贴的理由（见专栏5.1），阐述了联邦和州政府以及地方政府将从取消补贴中所获得的益处，并宣布了联邦政府将如何花费节省下来的资金。

**专栏5.1**

SURE宣传册中政府总结的取消补贴的理由如下：

1.固定价格导致了巨大的不可持续的补贴负担。

2.燃油补贴没有惠及预期的受益者，其更多惠及富人。

3.补贴管理一直受到效率低下、溢出和腐败的困扰。

4.补贴花费将资源从关键基础设施投资上转移。

5.补贴不鼓励竞争并抑制了下游石油行业的私人投资。

6.巨大的价格差助长了对邻国走私。

根据SURE宣传册，取消燃油补贴节省的资金将被引导到“一系列组合计划以刺激经济并通过关键基础设施和社会安全网项目减轻贫困”。资本项目将依据政府《愿景20：2020》中对电力、公路、交通、水利和下游石油行业的发展战略进行选择。取消补贴对贫困人口的潜在影响将“通过有针对性的社会安全网方案”得到缓解。SURE宣传册中提供了即将进行的各种项目和方案的细节，从将建设的具体路段到将升级的孕产妇和儿童的保健服务。

SURE计划设想建立一个专门的补贴节余基金以资助其支出计划。该基金本身和专门的支出计划将由一个18人组成的董事会进行监督，包括由总统任命的主席、仅有的4个政府代表以及其他来自民间社会广泛领域的荣誉代表成员。董事会将向国际知名咨询公司寻求技术援助，并由一个独立的机构向董事会直接报告执行情况[①]。

政府博取其补贴改革支持的努力遭到了强大社会势力阶层的强烈反对。在2011年12月初，国民议会对取消汽油补贴提出了反对，声称改革措施不成熟且缺乏公司数据支撑来确定补贴的规模和发生概率。作为回应，财政部发表了《燃油补贴简述》，再次罗列了取消补贴的理由，以补贴爆发性增长的数据对其进行支撑，并将补贴成本与政府的资本支出和借款需要进行了对比（Okonjo- Iweala，2011）。此外，一些高级官员在12月最后两周接受了采访并发表讲话。然而，工会也表达了对这项措施的强烈反对，反映了一个普遍存在的观点，即取消补贴的收入很可能资助的是政府的挥霍性开支（包括腐败的政客）而不是惠及普通尼日利亚人的项目（Okigbo 和 Enekebe，2011）。早期大体上支持改革的州长现在也保持沉默了。在整个时期，政府故意不对计划取消补贴设置任何日期。

1月1日意外的公布掀起了遍布全国各地的广泛的抗议活动。1月9日，两个最大的工会联合会发起全国性大罢工。在该国的某些地区法律和秩序濒临崩溃的边缘，与罢工有关的暴力和恐吓行为还导致不少人员死亡。1月15日，总统宣布1月1日的提价将被部分撤销，新的汽油最高零售价格为97尼日利亚元（0.6美元）/升，较之2011年年底的水平增加了

① 总统古德勒克于2012年2月13号正式宣布成立SURE计划，并任命克里斯托弗·科拉德博士作为SURE委员会的主席。

40%。不过，他强调，政府将继续推行汽油下游行业的全面开放。SURE计划将继续，但会与减少的补贴节约额一致缩减。总统还宣布，石油行业的法律和监管制度将会被“重新审视以解决问责问题和当前的失误”。工会随后于当天取消了罢工。

#### 5.1.4.3 缓解措施

SURE计划勾勒了多种社会安全网方案以减轻取消补贴对贫困阶层的影响，这些方案包括：

城市大众交通。通过促进运营商对柴油车的采购（贴息贷款、降低进口关税等），提高公共交通的可用性。该计划的第一步，政府打算在几个月内进口1 600辆公交车。

孕产妇和儿童的保健服务。扩大农村地区孕妇的有条件现金转移计划和升级诊所设施。

公共工程。在环境项目中为贫困阶层的青年和妇女提供临时就业机会以及维护教育和医疗卫生设施。

职业培训。在全国范围内建立职业培训中心以帮助解决青年失业问题。

#### 5.1.4.4 经验和教训

深思熟虑的宣传和咨询活动对于改革的成功非常重要。尽管政府大力宣传取消补贴，这项措施在开始执行时仍饱受争议。遭遇反对是预料之中的，公众宣传活动只持续了半年，也没有广泛参考群众的意见。财政部发表了几个简要汇报以支持其提案，但也是在宣传活动的数月后才发表，并没有进行全面的报告。

政府必须为其保证会将取消补贴的收益用于有益于广大民众的用途的承诺树立威信。尽管SURE计划的目标值得称赞并通过信誉极高的董事会对计划进行监督，但新政府尚未建立起其将不负承诺的信誉。相反，政府在广大市民心中的形象非常负面。因此，补贴改革被认为很可疑，普通公众根本不相信政府会履行其承诺。

深入研究补贴的成本和受益群体对于给补贴改革提供支撑非常重要。缺乏有关尼日利亚炼油行业的状态和燃油补贴机制本身可靠定量的信息使其遭受了尖锐的反驳，既得利益者常常声称政府投资国有炼油厂和（或）采取措施制止市场参与者的违规行为都比取消补贴更好。此外，还有观点引用了传闻证据，声称补贴的主要受益者是贫困人群，但并没有基于家庭调查数据的研究证据。

### 5.1.5 南非

#### 5.1.5.1 背景

私营经济在南非的燃油部门具有重要作用，但价格依然受到管制。7个石油公司中的6个[①]——无论国有、私营还是外商独资——都在上游和下游的竞争环境中经营。该国燃油需求的30%左右是由国产的煤基合成燃油满足，其余则通过进口原油然后在国内精炼得到满足。虽然政府一直在朝着放开价格努力，但汽油价格目前由自动定价机制决定。表5-6列出了1993—2011年南非主要宏观经济指标。

#### 5.1.5.2 自20世纪50年代以来的改革

自20世纪50年代起自动定价机制便开始发挥作用，引入自动定价机制的主要原因是鼓励私营部门参与能源行业和保障石油产品的充足供应。出于对种族隔离时代燃油供应制裁冲击的担忧，政府认识到定价至少要与进口平价持平是吸引国际企业进行投资和维持其在南非的业务的关键（南非竞争法庭，2006年）。这些国际公司大多数即使在反种族隔离禁运时期仍然留在南非。

1977—2004年通过平衡基金（Equalization Fund）加入零售油价格平滑机制的尝试不是很成功，此后便被废止了。该平衡基金成立于1979年，主要用于平滑燃油产品的价格波动。其平滑零售价格的原理是固定国内零售燃油价格，在国际价格较高时从基金转出资金，反之则转入基金[②]。当平衡基金枯竭时，政府需要对赤字进行融资。最终，政府放弃了

---

① 该6个公司分别是BP、加德士、英振、萨索尔、壳牌和道达尔。PetroSA是第7个公司。

② 由于国内价格按月调整，而进口平价在各个月内都会变化，供应商可能面临赤字或累积亏损。为了解决这个问题，政府在定价公式中引入了“蓝卡”费，其根据需要可以是正的或负的。然而，这些款项在实践中微乎其微。

表5-6　　1993—2011年南非主要宏观经济指标

| | 1993 | 1998 | 2003 | 2008 | 2011 |
|---|---|---|---|---|---|
| 人均GDP（现价美元） | 3 315.6 | 3 100.1 | 3 656.2 | 5 605.8 | 8 078.5 |
| GDP增长率（%） | 1.2 | 0.5 | 2.9 | 3.6 | 3.1 |
| 通货膨胀率（%） | 9.9 | 6.9 | 5.8 | 11.5 | 5 |
| 财政余额（占GDP的百分比，%） | — | — | 36.9 | 27.4 | 38.8 |
| 公共债务总额（占GDP的百分比，%） | 2.1 | −1.8 | −1 | −7.2 | −3.3 |
| 经常账户余额（占GDP的百分比，%） | 0 | 0.1 | 0.1 | 0.3 | 0.2 |
| 石油进口额（占GDP的百分比，%） | — | — | 0 | 0 | 0 |
| 石油出口额（占GDP的百分比，%） | 0 | 0 | 0 | 0 | 0 |
| 人均石油消费量（升） | — | — | 441.7 | 518.2 | 534.5 |
| 贫困人口比例（占人口的百分比，%），按每天1.25美元（购买力平价）衡量 | — | — | 441.7 | 518.2 | 534.5 |

资料来源：国际能源署；国际货币基金组织，《世界经济展望》；世界银行，《世界发展指标》。

这一政策，于是需要大幅度提价至进口平价水平。价格陡增引发了1993年的社会动荡，于是便成立了一个液体燃料产业特别工作组来建立解决高油价的机制。目前的价格结构仍具有平衡基金征费的部分，但是自2002年以来已经被定为了零，除了在2003年年初被偶然使用之外。

国有的中央能源基金（Central Energy Fund），成立于1977年，被授予了代表能源部制定零售油价的责任。价格按月（每月的第一个星期三）确定，包括利润、税收和费用。主要的税收——燃油税，是一个在每年2月的财政预算案中宣布（在4月实施）的特定税收；其随着时间推移稳步增加，包括在国际价格上升时期（见图5-7）。中央能源基金的决策如实向公众公开。还有一个公布每月决策和价格结构的在线出版物[①]，有助于加强普通民众对零售油价驱动因素的理解。

① 见http://www.energy.gov.za/files/petroleum frame.html。

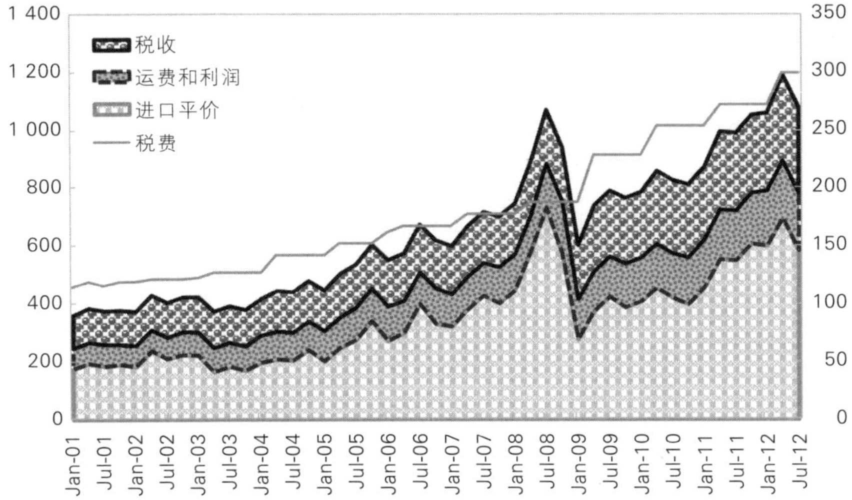


图5-7　2001—2012年南非汽油零售价格和税收组成（美分/升）

资料来源：南非石油工业协会。

### 5.1.5.3　缓解措施

该国没有随自动定价机制引入缓解措施。由于长期应用公式来确定燃油价格已经形成了惯例，对于国际燃油价格上涨带来的不利影响很少被讨论。

### 5.1.5.4　经验和教训

南非执行自动定价机制的成功表明，只要精心设计机制，私人（包括外国）公司在其下运行没有太大的问题。

长期存在的自动定价机制一直运行良好，在可预见的未来可能仍将保留。虽然南非开始实施该机制是出于在特殊政治局势下的策略性考虑，但该机制多年来一直被使用，对于替代机制的讨论很少，即便有时零售油价会出现陡增。

自动定价过程的透明度和公信力造就了其持久性。南非的自动定价经验被归功于中央能源基金多年来积累的信誉和该机制实施的透明度。该基金决策的公开传播为其成功作出了贡献。

如果没有足够的资金来吸收国际价格波动，稳定基金可能会适得其反。在南非，平衡基金的资金不足，一旦资源枯竭时价格需要大幅上涨，那样便会颠覆基金的根本目的。

## 5.2 电力补贴

### 5.2.1 肯尼亚

#### 5.2.1.1 背景

随着经济的发展，肯尼亚经历了能源需求的大幅度上涨，在过去的6年里平均每年的增长率约为7%（Ajodhia、Mulder和Slot，2012）。虽然在电网接入率和发电容量上有所发展，但发电量仍然落后于需求的增长，电力供应已经成为经济增长的制约因素。肯尼亚严重依赖水力发电，水电装机量占总装机量比重的56%以上，而火力发电和地热能发电分别占31%和13%。表5-7列出了1995—2009年肯尼亚主要宏观经济指标。

表5-7　　1995—2009年肯尼亚主要宏观经济指标

| | 1995 | 2000 | 2005 | 2009 |
|---|---|---|---|---|
| GDP增长率（%） | 4 | 2.5 | 6.1 | 4.1 |
| CPI通货膨胀率（%） | 8.9 | 8 | 11.1 | 6.7 |
| 财政余额，不包括捐赠（占GDP的百分比，%） | -0.8 | -4.1 | -4.7 | -7.2 |
| 公共债务总额（占GDP的百分比，%） | — | 53.1 | 45.1 | 44.8 |
| 贫困人口比例（占人口的百分比，%），按每天1.25美元（购买力平价）衡量 | — | — | 43.4 | — |

资料来源：国际能源署；国际货币基金组织，《世界经济展望》；世界银行，《世界发展指标》。

注：CPI=消费者价格指数。

肯尼亚发电公司（KenGen）是电力批发市场的主要参与者，截至2009年，其装机容量占总装机量的75%。肯尼亚发电公司采用几种不同的购电协议向零售分销商销售电力。此外，肯尼亚有5家私营的独立发电商，它们占总装机量的25%（世界银行，2010a）。肯尼亚电力与照明公司（KPLC）负责输配电。KenGen和KPLC都是商业性公司，并且在内罗毕证券交易所上市。在监管方面，独立的能源监管委员会（ERC）负责监管电价、颁发许可证、为KPLC设定指标（如收款、接入新电网的平均等待时间和系统损耗）。

#### 5.2.1.2　自20世纪90年代中期以来的改革

始于20世纪90年代中期的改革试图通过将发电、输电和配电环节分开，并允许私有公司参与，来理顺电力行业。改革的主要目标是改进电力行业的绩效，确保该领域企业的可持续发展并促进行业投资。改革的效果最终体现在《能源政策2004》和《能源法案2006》中。电价结构的首次重大变化发生在2005年，当时的调整是希望价格能够反映长期的边际成本并且根据燃料成本和汇率变动自动调整。电价改革已被证明是持久的，但需要注意的是在提高电价的同时需要提升服务质量。另外，改革进程并不涉及这些公用事业单位的任何裁员。该国设立了一个能源法庭对能源监管委员会与利益相关者之间的纠纷进行仲裁，为该领域创造了公平竞争的环境。

定价是基于这样一个公式，除了基本费率以外，反映长期边际成本，并且每月自动根据发电燃料价格和汇率的变动而变化。此外，该公式每半年还要依据国内通货膨胀进行调整。价格调整的计算信息都可以在能源监管委员会网站上获取。在发电一边，KenGen与KPLC之间通过一个长期购电协议约定价格并大致反映了成本。

此外，肯尼亚居民用电价格是基于分组递增的价格方案，单位电价梯次按所规定的三组分段。第一组每月0~50千瓦时，价格为2肯尼亚先令/千瓦时。第二组每月51~1 500千瓦时，价格为8.10肯尼亚先令/千瓦时。最后一组对应于每月用电超过1 500千瓦时的家庭用户，价格为18.57肯尼亚先令/千瓦时。因此，最高档电价的费率比最低档电价高出了828%多。居民消费者还需要支付一个固定的120肯尼亚先令的费用。对非居民用户按不同的线性费率收取，但并不是根据他们的消费水平，而是根据其行业类别（如商业、工业或政府）。

在改革进程的早期，提价面临巨大的困难，需要进行紧张的谈判，特别是跟用电大户（Bacon、Ley和Kojima，2010）。确保私营部门合作的关键在于政府承诺额外的费用将用于资助国内可再生能源发展壮大，而最终实现电力成本下降并提高竞争力。另外，利益相关者一致认为确保Ken-Gen和KPLC的财务稳健和建立一个完全反映成本的价格结构对于吸引外国投资者进入该领域非常重要。但由于2008年和2009年干旱的负面影响，政府决定将电力增值税从16%下调到12%。

肯尼亚电力价格改革使得价格与成本能够保持一致性增长，从2000年的0.07美元/千瓦时的估计平均价格增长到2006年的0.15美元/千瓦时，以及2009年的0.19美元/千瓦时（见表5-8）。KPLC现行的电价结构从2008年7月就开始执行了。根据世界银行报告（2010a），目前关于电价设定和购电协议的谈判是透明的；电力行业的监管结构健全并能抵抗政治干预。然而，原计划于2011年6月实施的提高基本费率由于政治经济的制约而没有实现，因为当局认为当时的食品和能源价格已经过高，并且一些新发电项目的实施有所延误。

表5-8　　　1995—2009年肯尼亚电力行业主要指标

| | 1995 | 2000 | 2005 | 2009 |
|---|---|---|---|---|
| 电网接入（占总人口的百分比，%） | 11.791 | 13.102 | — | 16.1 |
| 电力消耗量（千瓦时/人） | 130.83 | 109.72 | 137.13 | 147.43 |
| 输配电损耗（占发电量的百分比，%） | 17.9 | 21.16 | 18.38 | 15.53 |
| 发电量（吉瓦时） | 3 759 | 4 098 | 5 995 | 6 875 |
| 平均电价（美元/千瓦时） | — | 0.07 | 0.153 | 0.19 |

资料来源：非洲国家基础设施电力诊断数据库；Briceño-Garmendia和Shkaratan（2010a）；国际货币基金组织员工测算；世界银行（2010a），《世界发展指标》。

电价改革措施的结果是在21世纪电力行业的隐性成本显著下降，从

2002年的占GDP的0.6%到2008下降至接近于零（见图5-8）。事实上，大部分的成本降低是由于随着价格恢复到成本回收水平，定价过低的情况大幅度减少，并且通过改进计费减少了收缴不足。另外，直到2008年中期，没有发生过任何对电力公司的显性补贴或财政转移支付。

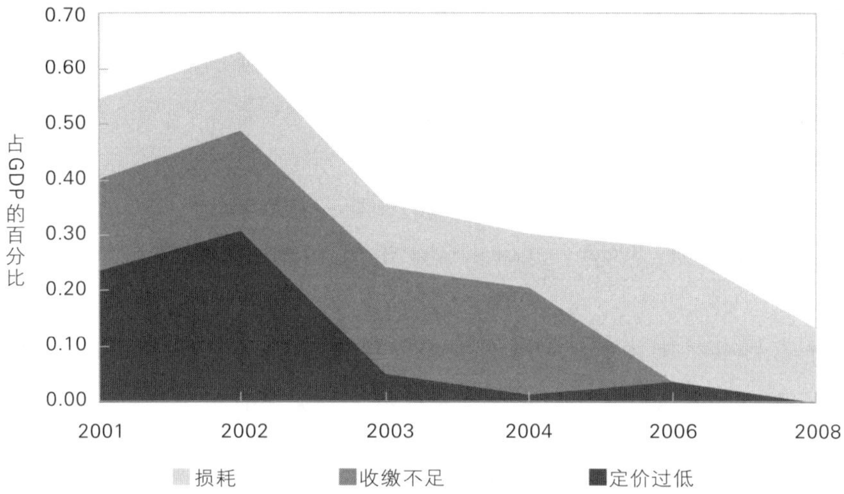


图5-8　2001—2008年肯尼亚电力行业的隐性成本

过去10年中，电力行业的隐性成本持续下降。

资料来源：Briceno-Garmendia and Shkaratan（2011a）。

改革基本上可以被认为已经取得了成功，改革的成果包括使发电、输电和配电公司恢复了财务健康，发电容量投资不断增长，引入了一些私有资本的参与。根据世界银行报告（2010a），改革带来了经营的显著改善，包括收入的增加。每年新接入电网的数量从2003—2004年的43 000增加到2008—2009年的200 000。电力系统的输配电损耗也从2000年的12.2%下降到了2009年的15.5%（见表5-8）。根据ERC提供的最新资料，KPLC的电费收缴率从2004年的81%增加到了2006年的100%（Foster和Briceño-Garmendia，2010），之后又回落到了98%。用员工人均销售额或顾客与员工比例衡量，KPLC的劳动生产率在2004—2005年亦有了大幅度提升（世界银行，2010a）。

尽管有显著的进步，但仍然需要扩大电力基础设施建设以减轻对经济增长的制约。2007年世界银行企业调查显示，在肯尼亚超过67%的公司拥有发电机，并且电力中断通常对这些被调查的公司造成了5%的营业额损失[①]。Briceño-Garmendia和Shkaratan（2010a）估计电力供应不稳定对肯尼亚每年GDP增速的影响为1.5%。肯尼亚制造业协会的代表指出，尽管KPLC的电费合约中向客户承诺了系统损失不能超过15%[②]，但是电力中断还是在影响着他们的运营。

#### 5.2.1.3 缓解措施

出于对社会目标和经济承受能力的考虑，政府采取了一系列措施（世界银行，2010a；Briceño-Garmendia和Shkaratan，2011b）。这些措施包括：

- 农村电气化计划，将电网接入数量从2003年的65万增加到目前的200万；
- 循环基金，共通过捐赠获得资金并提供延期的接入费用支付；
- 为接入费用提供商业银行贷款；
- 对每月电力消耗低于50千瓦时的家庭用户提供生存线电价（低于成本），通过对大客户征收高费率进行交叉补贴；
- 城市消费者对农村消费者的交叉补贴，因为对这些地区采用了统一的价格。

每月50千瓦时的阈值是非洲常用的基准生存能源消费水平。据估计，肯尼亚99%的家庭可以承受得起（Briceño-Garmendia和Shkaratan，2011b）。

电网接入仍然是一项挑战，特别是在农村地区，2009年相比城市地区51%的接入率农村只有4%。Briceño-Garmendia和Shkaratan（2011b）认为，在未来10年里肯尼亚需要在现有装机容量的基础上增加一倍并加强

---

① 参见http://www.enterprisesurveys.org。

② 肯尼亚制造业协会成员的能源消费大约占工业能源消费总量的60%。

跨境电路连接，以获得更多的廉价水电资源，提高整个系统的安全性。尽管有通过区域互联降低能源成本的余地，但是东非的跨国电力贸易总量还比较小。

#### 5.2.1.4　经验和教训

成功的电力改革不仅仅是改变价格，其需要耗费时间。肯尼亚电力行业的改革始于20世纪90年代中期，花费了超过10年的时间逐渐成熟。除了谨慎的电价政策，提高国有公司的技术和管理效率也是消除隐性成本的关键。相对健全的监管制度，包括一个可以认为基本有效且独立的监管机构，对于改革过程的持续性和鼓励私营公司参与发电至关重要。

由于供电和接入服务质量的提高，价格提高显得比较容易接受。在改革的早期阶段，相关部门同利益方积极地协商价格变化，表现出解决该行业面临的挑战的强烈政治决心。目前，根据燃料成本（能源管理委员会网站定期公布信息）、汇率变动和通货膨胀的自动价格调整在很大程度上已经被消费者所接受。然而，政治经济的制约导致原本定于2011年中期的价格结构修订被延迟了。

肯尼亚的经验也表明，只要方法恰当，将价格维持在成本回收水平与提供贫困人口负担得起的服务之间是可以调和的。据估计，肯尼亚绝大多数家庭能够负担得起执行价格下的基本用电量。除了所谓的生存线电价（由大客户补贴）外，当局还实施了减轻接入费负担的可供选择的机制，比如，通过捐赠资助来提供延期支付的循环基金以及商业银行的贷款。

### 5.2.2　乌干达

#### 5.2.2.1　背景

尽管有巨大的水电潜力，乌干达却被电力短缺困扰了数十年。在20世纪90年代和21世纪初，乌干达维持了高速的经济增长，也带来了电力需求的迅速增长（见表5-9）。由于疲软的财政状况，属于公用事业的乌干达电力局（UEB），无法满足日益增长的需求，其电网接入率是撒哈拉沙漠以南非洲国家中最低的国家之一，农村地区更为严峻。在2006年以前几乎完全依赖于水电，使得乌干达特别容易受到天气变化的冲击。由于受融资条件的制约，政府无法给UEB提供足够的支持来满足电力需求和进一步发掘水电潜能。

表5-9　2005—2010年乌干达宏观经济和电力部门的主要指标

| | 2005 | 2006 | 2007 | 2008 | 2009 | 2010 | 2011 |
|---|---|---|---|---|---|---|---|
| 宏观经济指标 | | | | | | | |
| GDP增长率（%） | 6.3 | 10.8 | 8.4 | 8.7 | 7.2 | 5.2 | 6.4 |
| 通货膨胀率（%） | 10.7 | 7.2 | 4.4 | 12.5 | 12.3 | 4.2 | 15.7 |
| 财政余额，不包括捐赠（占GDP的百分比） | −7.6 | −6.1 | −6 | −5.1 | −4.8 | −7.3 | −9.5 |
| 电力部门指标 | | | | | | | |
| 能源投入量（百万千瓦时） | 1 846 | 1 588 | 1 861 | 2 044 | 2 269 | 2 456 | 2 645 |
| 用电量（百万千瓦时） | 1 139 | 1 043 | 1 204 | 1 345 | 1 483 | 1 731 | 1 905 |
| 配电损耗（%） | 38 | 34 | 35 | 34 | 35 | 30 | 28 |
| 收款比率（占总账单数） | 80 | 85 | 93 | 90 | 94 | 96 | 96 |
| 执行电价（美分/千瓦时） | 9 | 12 | 18 | 16 | 17 | 16 | 12 |
| 平均成本（美分/千瓦时） | 13 | 20 | 23 | 26 | 24 | 26 | 26 |

资料来源：国际货币基金组织，《世界经济展望》数据库；Ranganathan和Foster（2012）；乌干达能源与矿产发展部（2012a）。

在这种情况下，乌干达于1999年发起了一个全面的电力行业改革计划。在电力行业重组和私有化战略推行以后，新的《电力法案》获得通过，旨在为电力行业发展和吸引私人参与创造有利的环境。

一个独立的监管机构——电力监管署，于2000年开始运作。2001年，UEB被拆分为3个独立的实体：一个发电公司（乌干达发电有限公司，简称UEGCL），一个输电公司（乌干达输电有限公司，简称UETCL），一个配电公司（乌干达配电有限公司，简称UEDCL）。由于农村地区电力匮乏，2003年成立了农村电气化局。

随后，发电公司和配电公司分别被批准拥有私人特许经营权。2003

年，Eskom乌干达分公司（南非Eskom的一个子公司）获得了UEGCL资产20年的特许经营管理权。2005年，乌干达最大的配电公司UMEME获得了UEDCL配电公司20年的特许经营权，这是撒哈拉沙漠以南非洲的第一个配电网络特许经营权。国有的UETCL经营着高压输电网络，同时也作为配电公司的电力批发供应商。由于UETCL的电力批发价格一直低于其成本回收水平，政府因而对UETCL提供直接或间接的财政补贴。

自2005年以来，政府对电力公司的显性预算支持稳步上升。显性补贴包括两种机制：对UCTEL（电力批发商）的直接预算支持和对火力发电机组的容量补贴。在2010至2011财年，显性补贴成本占到GDP的1.1%（见表5-10）。一旦布加加里水电机组在2012年年底满负荷运转，预期2012年的电价上调有望消除显性补贴费用。随着水电容量增加，政府将可以避免采购昂贵的火力发电，但仍然需要向独立发电商支付容量费。

表5-10　2006—2011年乌干达电力部门的显性财政补贴和热力发电成本

| | 2006 | 2007 | 2008 | 2009 | 2010 | 2011 |
|---|---|---|---|---|---|---|
| 显性电力补贴（百万美元） | 60.11 | 51.28 | 87.56 | 112.87 | 151.05 | 174.8 |
| 占GDP的百分比（%） | 0.6 | 0.4 | 0.7 | 0.8 | 1 | 1.1 |
| 火力发电（吉瓦时） | 370 | 539 | 590 | 896 | 1022 | 1029 |
| 占总发电量的百分比（%） | 23.3 | 29 | 28.9 | 39.5 | 41.6 | 38.9 |
| 原油平均价格（乌干达先令/桶） | 131 | 132 | 210 | 132 | 173 | 253 |
| 年变化率 | | 1 | 60 | −37 | 32 | 46 |
| 火力发电成本（占GDP的百分比，%） | 0.9 | 1.1 | 1.3 | 1.3 | 1.5 | 1.7 |

资料来源：国际货币基金组织。

2005—2006年的干旱导致对成本高昂的火力发电的依赖性增强。在此之前，乌干达主要依靠水力发电。为弥补旱情导致的电力短缺以及满足不断增长的电力需求，当局与租赁火力发电厂签订了合约，火力发电比重从2006年的23%增长到2011年的39%（见表5-11）。尽管增加了火电，停电仍然比较普遍。根据2006年世界银行的一项调查显示，大约45%的公司提及电力短缺是其业务发展的一个重要制约因素（世界银行，2011a），尽管通过自用发电机满足了自身30%的需求，电力短缺仍然使它们损失了10%的销售收入。

表5-11　2005—2008年和2009—2011年乌干达电力部门的准财政赤字

| | 2005—2008年 | | 2009—2011年 | |
|---|---|---|---|---|
| | 占成本百分比*（%） | 占GDP百分比（%） | 占成本百分比*（%） | 占GDP百分比（%） |
| 定价偏低导致的QFD | 32.8 | 1 | 40.1 | 1.4 |
| 配电损耗导致的QFD（10%及以下） | 6.7 | 0.2 | 6 | 0.2 |
| 配电损失导致的QFD（10%以上） | 17 | 0.5 | 12.5 | 0.4 |
| 收款不足导致的QFD | 4.6 | 0.1 | 1.9 | 0.1 |
| QFD成本合计 | 61.1 | 1.9 | 60.5 | 2.1 |

资料来源：基于世界银行数据的测算；国际货币基金组织，《世界经济展望》；乌干达当局。

注：*占总发电成本的比例；QFD=准财政赤字。

特许的私营配电公司已经有了缓慢但稳步的进展。首先，配电线路损耗稳步下降，从2005年的38%下降到了2011年的28%（见表5-9）。同时，电费收款比率从2005年的80%提高到了2011年的96%。为了实现配电系统的上述改进，截至2010年年底，UMEME已经投资了1.05亿美元——超出了合同的计划（乌干达能源与矿业发展部，2012a）。经过2005—2008年的缓慢进展，到2009—2010年，UMEME增加的客户总数超过了30%。增加的能源供应有望进一步提高电力接入率。尽管有一些进展，但由于输配电损耗和账单未能收缴，仍然有约1/3的电力没有被付费。

算上未能收缴的账单后，我们发现电力系统的准财政赤字（QFD）随着时间推移不断增加。电力部门的准财政赤字在2011年将达到乌干达GDP的2.6%，其中显性的财政成本将占到GDP的1.1%。在消除低效率有了一定进展的情况下，准财政赤字仍在持续增长，主要是由于平均执行电价和平均电力成本之间的差距在不断扩大（见表5-11）。

不断增长的电力需求也推高了准财政赤字——2006年至2011年间消费量几乎翻了一倍。在所有情况下，乌干达准财政赤字的发生主要是受到定价偏低的驱使：在2011年，偏低的定价大约构成了准财政赤字的80%。

乌干达的电力长期边际成本可能显著低于目前的平均成本，但却需要大量的投资。通过开掘其水电潜力，全国的成本可以从0.16美元/千瓦时降低到0.12美元/千瓦时（Ranganathan和Foster，2012）。布加加里水电站是第一步，其他重大水电项目规划正在最后建设阶段，一旦项目完成，未来几年里发电容量将翻番。

#### 5.2.2.2 自2006年以来的改革

为了回收成本，乌干达的电价有所提升，但仍落后于成本的增长。在2006年的6月和11月，电价分别被上调了35%和41%（世界银行，2011a）。这些提价将平均执行电价提升至了0.18美元/千瓦时。在2007—2009年，零售电价没有变化，然而发电成本却不断上升，主要原因在于燃料价格上涨、布加加里水电工程调试延期和乌干达先令贬值（见表5-11）。在2010年1月，零售电价进行了调整，给予家庭用户一定的优惠。由于高昂的火电成本，零售执行价格在2011年仅能弥补电力成本的2/3（世界银行，2011a）。

为了抵销能源成本和相关补贴的不断上涨，2012年1月电力监管机构批准大幅上调电力零售价格，平均执行价格上涨了41%（即0.05美元/千瓦时）。虽然进行了加价，但是新价格仍然在成本回收水平以下，到2012年10月布加加里水电项目满负荷运转时价格才大致与成本水平持平。此外，从家庭消费者转移给工业消费者的交叉补贴也显著降低。对工业用户制定了0.13美元/千瓦时的新价格，此前其支付的价格相对较低，价格上涨幅度约为73%。生存线电价（月用电量不超过15千瓦时）仍然保持不变。在电价最新上涨以后，乌干达的电价达到了与其他东非共同体成员同等的水平。

虽然电价上涨受到反对和抗议，但政府的决心和有效的沟通使得改革进行下去。政府进行了强有力的宣传活动并解释了导致目前电价上调的因素。值得注意的是，自2006年最后一次电价上涨以来柴油价格几乎翻了一倍，但由于平均价格仍然低于单位成本，所以政府对消费的补贴仍然存在。乌干达制造业协会主席指出新的价格将增加生产成本，但是他也承认如果电力供给可靠，新的价格是可以承受的。

反对涨价的抗议活动范围很有限。在坎帕拉发生了一些抗议，国会对电价上调进行了一场政治大辩论。政府声称根本没有资源继续对少数相对富裕的精英阶层进行电力补贴。低比例的电力接入也对减少抗议有所帮助，鉴于有88%的人口尚未用上电，因此对于抗议活动不感兴趣。一些报纸重点强调了补贴不成比例地分配给了富人的事实，并强调电价上调实际上有可能是一个向穷人倾斜的政策。重要的是生存线电价得到了保留。

总之，在2012年年初多种因素给当局提高电价创造了条件：

• 在燃料价格不断上涨的背景下，火电的财政成本不断增长且不可持续：近年来，政府不断拖欠火电的付款。在2011年，显性的财政补贴达到了GDP的1.1%。

• 电价补贴的针对性弱：在近期电价上调前，大型工业用户支付的每千瓦时电价不到成本的1/4。这些用户在2010年消耗了电力消费总量的44%。因此，大约2/3的电力补贴分配给了一小部分工业用户。在家庭用户中，仅有12%接入了国家电网，而其余的则依赖于没有补贴的煤油和木柴。初始接入成本过于昂贵（80美元），穷人一般都没有接入国家电网。

• 有证据表明在2010年工业用户和家庭用户支付的意愿大大超过当时的价格：世界银行的一份报告指出，应对间歇性电力供应的平均成本为0.3美元/千瓦时（或包括固定成本的0.4美元/千瓦时），而家庭用户愿意支付的价格为0.5美元/千瓦时（世界银行，2011b）。

• 水电基础设施投资在中长期将降低电力供应的成本。

• 乌干达的电力接入有限：截至2010年，只有12%的人口（包括4%的农村人口）接入了电网，不到其他低收入非洲国家平均水平的一半。

#### 5.2.2.3　缓解措施

缓解电价改革影响的专门性关键措施是针对低收入人群的生存线电价。乌干达对每个月最高消费量不超过15千瓦时的贫困家庭设置了生存线电价。生存线电价保持在100乌干达先令/千瓦时。

#### 5.2.2.4　经验和教训

乌干达的情况清楚地表明了导致电力设施低效的主要障碍是缺乏投资。由于UMEME进行了大量投资，使得过去3年间电网的接入率提高了50%，同时还降低了配电损耗，提高了收款比率。

电力公司糟糕的财务表现不仅仅是由于政府维持低电价的意愿所造成的，配电网络的高损耗和账单低收缴率对其影响同等重要。因此，单纯地提高电价是不够的。电价应该设定在一定的经济性水平，但需要考虑到合理的线路损耗。此外，电力公司的财务可持续性需要通过采取措施提高效率来实现。为此，监管政策可以给电力公司提供适当的激励。

电力部门的制度改革需要一定的时间（比如5—10年）。乌干达于1999年开始改革，在电网接入率、效率措施及财政负担等方面取得进展花费了10年以上的时间。改革在相对完善的监管框架下建立了一个相对独立的监管机构，通过优惠政策吸引私人公司参与到发电和配电环节，并且制定了预期在2012年年底彻底消除隐性成本的价格政策。

价格的提高需要采取一个谨慎的沟通和执行策略。乌干达政府同民众就电力补贴的成本和发生率进行了充分的沟通。大部分媒体将提高价格视为有益于穷人的措施。

提高电网接入率有很大的挑战性。必须对2010—2012年的农村电气化目标进行修订。应当指出的是，高昂的新接入成本是阻碍接入率提高的主要障碍。

[第6章]

# 对新兴发展中的亚洲的案例研究

野崎正弘、尚保平

## 6.1 石油产品补贴

### 6.1.1 印度尼西亚

#### 6.1.1.1 背景

燃油补贴改革已经成为一项持续性的政策挑战。从时间趋势上看，印度尼西亚燃油补贴额的波动性相当大，反映了国际油价、汇率和补贴制度的变化。补贴在以往所造成的财政成本通常较大，在2008年国际油价达到顶峰时曾达到该国GDP的2.8%。在2011年，燃油补贴大约占到GDP的2.2%。印度尼西亚已经多次尝试进行燃油补贴改革以试图改善财政状况以及达到其他政策目标，比如提高能源效率和保护环境。表6-1列出了2000—2011年印度尼西亚主要宏观经济指标。

表6-1　　2000—2011年印度尼西亚主要宏观经济指标

| | 2000 | 2003 | 2008 | 2010 | 2011 |
|---|---|---|---|---|---|
| 人均GDP（现价美元） | 800.0 | 1 091.3 | 2 211.9 | 2 980.8 | 3 508.6 |
| GDP增长率（%） | 4.2 | 4.8 | 6.0 | 6.2 | 6.5 |

续表

| | 2000 | 2003 | 2008 | 2010 | 2011 |
|---|---|---|---|---|---|
| 通货膨胀率（%） | 3.8 | 6.8 | 9.8 | 5.1 | 5.4 |
| 财政余额（占GDP的百分比，%） | -2.0 | -1.4 | 0.0 | -1.2 | -1.6 |
| 公共债务总额（占GDP的百分比，%） | 95.1 | 60.5 | 33.2 | 27.4 | 25.0 |
| 经常账户余额（占GDP的百分比，%） | 4.8 | 3.5 | 0.0 | 0.8 | 0.2 |
| 石油进口额（占GDP的百分比，%） | 3.5 | 3.2 | 4.6 | 3.4 | 4.3 |
| 石油出口额（占GDP的百分比，%） | 4.8 | 3.2 | 3.0 | 2.2 | 2.4 |
| 人均石油消费量（升） | 247.4 | 254.9 | 257.8 | 349.5 | — |
| 贫困人口比例（占人口的百分比，%），按每天1.25美元（购买力平价）衡量 | — | — | 22.6 | 18.1 | — |
| 燃油补贴（占GDP的百分比，%） | — | — | 2.8 | 1.3 | 2.2 |

资料来源：国际能源机构；国际货币基金组织，《世界经济展望》；世界银行，《世界发展指标》。

#### 6.1.1.2　自1997年以来的燃油价格改革

政府在紧随1997年亚洲金融危机之后削减能源补贴的行为导致了政局的动荡。那场危机结束后，作为受国际货币基金支持的调整方案的一部分，政府同意削减能源补贴。与原先设想的逐步取消战略相反，政府宣布煤油一次性提价25%，柴油提价60%，汽油提价71%（Beaton和Lontoh，2011）。迅速提价的消息公布后引起了持续两周的抗议活动，加之一系列复杂的其他因素，包括对政府的不满，最终导致了苏哈托总统统治的结束。

2000—2003年，该国实施了大量成败参半的提价措施，过后又被撤销。在2000年，尽管存在强烈的抗议，汽油、柴油和煤油的价格仍被成功提高了。这些油品的价格在2001年再次被上调，不仅包括民用燃油，也包括工业用燃油。在2003年，当局曾试图建立国内燃油产品价格与国际油价自动关联的机制，但是这次改革缺乏有效的沟通。许多抗议者认为，政府当时的各种决策都偏向有权势的利益集团。对于政治腐败和低效率的普遍不满也是造成公众反对的重要原因。另外，许多公布的补偿方案并没有兑现。其结果是，政府又撤销了大部分加价，并且切断了价格的国际联动。

2004年，印度尼西亚第一次成为石油净进口国并恢复了油价上涨。考虑到燃油补贴带来日益加重的财政压力，政府在2005年进行了两次较大的燃油价格上调，导致柴油价格翻倍，而煤油价格更是上涨了接近三倍。结果，再次发生反对改革的抗议，但比1998年和2003年相对缓和。当时的政府由苏西洛总统领导，他于2004年首次当选并在2009年顺利获得了连任。

燃油补贴的额度虽然有所减少，但仍然持续存在。当国际油价在2008年达到最高点时，石油产品的补贴也达到了GDP的2.8%。燃油价格平均上涨了29%，虽然在国际油价开始回落期间有所降低，但是仍然高于上涨前的水平。政府也停止了向大型工业电力用户发放补贴。政府曾宣布到2014年取消化石燃料补贴的目标。但是，2010年9月，众议院在2010年预算修正案中同意了提高对燃油消费补贴的预算分配，这一决议与政府削减能源补贴的目标背道而驰。2012年，由于政府计划的燃油价格上调被议会大幅度削减，印度尼西亚或许又再次错失了降低燃油补贴的机会。详见图6-1。

政府已经在鼓励以液化石油气替代煤油的使用。印度尼西亚在2007年发起了一项使用液化石油气逐步淘汰煤油的计划。液化石油气的补贴少于煤油，在成本、环境污染和二氧化碳排放方面也更低。政府免费发放了液化气灶和小型液化气钢瓶。然而，该方案并非毫无漏洞，可能会因液化石油气分流而产生事故。

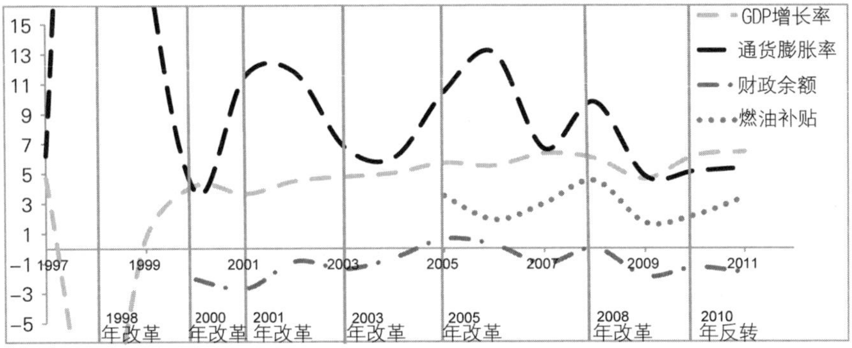


图6-1　1997—2011年印度尼西亚宏观经济发展与能源补贴改革（占GDP百分比或比率）

资料来源：国际货币基金组织测算；国际货币基金组织，《世界经济展望》数据库。

注：2008年燃油补贴支出是基于2008年中期的国内燃油价格，而非像其他年份一样采用年末国内燃油价格；1998年，通货膨胀率为58%，而实际GDP增长率为-13%。

#### 6.1.1.3　缓解措施

大部分改革同时实行了对贫困人口的保护计划，包括如下措施：

• 食物补贴、医疗和教育支出以及其他社会保障措施。实施了大米补贴；增加了卫生、教育和社会福利的支出；通过提供低息贷款加强了对小型企业的支持。然而，很多公布了的补偿计划在2002—2003年的改革中并没能兑现。2008年，教育支持主要是针对低级别公务员、警察和士兵家庭的孩子（Beaton和Lontoh，2010；Mourougane，2010）。

• 无条件现金转移支付。在2005年的改革中，加入了无条件的现金转移支付和其他补偿措施。不少分析将2005年抗议活动的降温归功于政府采取的多种旨在补偿贫困家庭生活成本上升的福利措施。最引人注目的计划“直接现金援助”（Bantuan Langsun Tunai），是一系列针对贫困家庭的无条件月度现金转移支付。这个计划覆盖了1 920万户家庭，即全国人口的35%，不仅帮助了贫困家庭，同时也防止了接近贫困的家庭陷入贫困（Beaton和Lontoh，2010）。其他措施包括针对贫困人口的医疗保险计划、学校经营资助计划以及扩大农村基础设施建设支持项目。通过广泛的公众宣传活动，有效地提高了对这些计划的认知度。

- 从煤油转换到液化石油气。将家庭和小企业从使用煤油转换到使用液化石油气的努力已在进行中。煤油被广泛地用于家庭烹饪，也是印度尼西亚获得补贴最多的石油产品。减少煤油补贴需要给家庭烹饪提供可负担的替代能源。对于小型企业也是同样的逻辑。除了提供包括一个炉子和一个紧凑型气缸在内的免费入门套装以外，政府还制订了一个宣传计划以教育公众有关液化石油气技术的安全问题。政府统计数据表明，通过增加液化石油气使用并减少煤油消费，该计划能带来显著的财政节省。

#### 6.1.1.4 经验和教训

有针对性的现金转移支付有助于减少对补贴改革的阻力并帮助贫困人口。印度尼西亚的无条件现金转移支付计划对于克服社会和政治上反对燃油补贴改革是一个成功的策略。“直接现金援助”计划的经验表明，这种方案需要很好的准备、部署和监控，以便有效地帮助穷人。

提供一种廉价的替代能源也有助于减少补贴并尽可能减少对改革的反对。初步数据表明，印度尼西亚从煤油转换到石油气已经取得了成功，达到了政府减少燃油补贴同时最小化对居民和小型企业负面影响的目标。

迅速减少补贴可能会引起对改革的反对。1998年和2003年价格的突然大幅度上涨遭到了公众的强烈抵制。

由一个受欢迎的政府推行改革更容易取得成功。1998年改革的失败在一定程度上反映了民众对苏哈托政府的不满。其后，2000—2003年的改革成败参半，公众对政府的不信任也有一定的影响。相比之下，2005—2008年改革的成功得益于尤多约诺总统受民众欢迎，但他最近声望的降低可能会导致改革的逆转。

不利的经济状况往往容易成为改革的导火索，但持续的改革需要充分认识到取消补贴的好处以及长期的坚持。1998年的改革始于亚洲金融危机。2000—2003年的改革是为了应对严重的财政失衡和高额的政府赤字。随着印度尼西亚在2004年变为石油净进口国，财政压力和经常性账户负余额成为2005年改革的主要原因。2008年的改革是油价达到历史性高位的结果。虽然有良好的经济环境，但2010年的补贴改革还是由于缺乏明确的计划而停滞。

没有明确长远目标的临时性价格调整，加之定价无法去政治化和补贴政策，导致补贴再度出现，未能实施持久的改革。理想的情况是，减少或消除补贴的政策决定一旦作出，对于价格和补贴数量的技术性决策可以委托给第三方独立机构，让其负责改革方案分析、传播潜在的影响以及提供能够得到完全实施的改革建议。这可以提高改革进程的透明度，减少因为选举政治导致改革受挫的可能性。然而，印度尼西亚能源局并不能完全独立于政治活动。举个例子来说，如果有一个去政治化的价格和补贴数量决策机制，2010年众议院增加补贴的行动可能已经得到了阻止。

与公众沟通改革的目标和计划采取的缓解措施能有效地增进公众对改革的接受度。如果公众被更好地告知改革的原因和目标，他们会更容易理解和接受改革措施。更好地宣传缓解措施可以提高他们的参与度，从而减少对民众的负面影响和公众的反对。印度尼西亚2003年的改革受到反对的部分原因是公众认为改革偏向权贵利益集团。

### 6.1.2　菲律宾

#### 6.1.2.1　背景

在20世纪90年代放松管制的改革之前，石油下游部门是受到严格监管的，每当国际油价上涨时就会产生燃油产品的价格补贴。石油价格稳定基金通过收取或支付国内监管价格与实际进口成本价格间的差额来稳定国内燃油产品的价格。然而，提高国内价格在政治上是难以实施的[①]。结果为了补充基金，政府在1990年和1996年不得不实施高达GDP 0.8%的转移支付。表6-2列出了2000—2011年菲律宾主要宏观经济指标。

---

① 例如，1994年提高油价的尝试由于全国性抗议而被废止。抗议群体包括教会、商业部门、工会以及其他民间社会团体（Bernardo和Tang，2008）。

表6-2 2000—2011年菲律宾主要宏观经济指标

| | 2000 | 2003 | 2008 | 2010 | 2011 |
|---|---|---|---|---|---|
| 人均GDP（现价美元） | 1 055.1 | 1 024.8 | 1 918.3 | 2 123.1 | 2 223.4 |
| GDP增长率（%） | 4.4 | 5.0 | 4.2 | 7.6 | 3.7 |
| 通货膨胀率（%） | 3.8 | 3.4 | 8.2 | 3.8 | 4.8 |
| 财政余额（占GDP的百分比，%） | -3.4 | -3.6 | 0.0 | -2.2 | -0.8 |
| 公共债务总额（占GDP的百分比，%） | 58.8 | 68 | 44.2 | 42.2 | 40.5 |
| 经常账户余额（占GDP的百分比，%） | -2.7 | 0.3 | 2.1 | 4.5 | 2.7 |
| 石油进口额（占GDP的百分比，%） | 3.9 | 3.8 | 12.4 | 9.6 | 13.5 |
| 石油出口额（占GDP的百分比，%） | 0.4 | 0.5 | 1.8 | 1.4 | 1.9 |
| 人均石油消费量（升） | 154.7 | 150.4 | 127 | 140.9 | — |
| 贫困人口比例（占人口的百分比，%），按每天1.25美元（购买力平价）衡量 | 22.5 | 22 | — | — | — |

资料来源：国际能源署；国际货币基金组织，《世界能源展望》；世界银行，《世界发展指标》。

#### 6.1.2.2 自1996年以来的改革

作为石油净进口国的菲律宾，在20世纪90年代晚期通过放松对石油下游行业的管制逐步取消了对燃油的补贴。放松管制在很大程度上使得价格设定不再政治化，并且通过废除石油价格稳定方案消除了财政风险。放松管制是由于受到政府经济自由化举措的推动。在1986年“人民的力量”革命后，历届政府的改革派放弃了以前的垄断与保护性的发展方式，对经济实行了改革开放。与此同时，放松管制是在财政整顿的背景下进行的，一个重要的政策目标是为了恢复宏观经济的稳定，克服20世纪80年代早期外部债务危机之后形成的债务负担。这些目标得到了国际货币基金组织计划的支持——放松对石油产业的管制是1998年扩展支持计划安排的前提条件的一部分。

放松石油管制的法律放开了石油行业并且使燃油产品定价去政治化。放松管制的法律最初于1996年通过，放开了石油下游行业和燃油产品定价。由于得到了政府的转移支付以及在放松石油管制的法律通过后，燃油价格根据自动调节机制上涨，石油价格稳定基金的状况在1996年有所改善。1997年2月，价格被允许自由波动。其结果是，石油价格稳定基金被废除，其所造成的预算费用也随之消除（见图6-2）。1997年11月当废除基金的法律被最高法院裁定为违宪时，政府出台了新的法律以恢复自由化并纠正了以前的宪法缺陷。新的法律于1998年颁布。至今石油行业仍然保持着自由化，国际油价变动能够传导至国内油价。

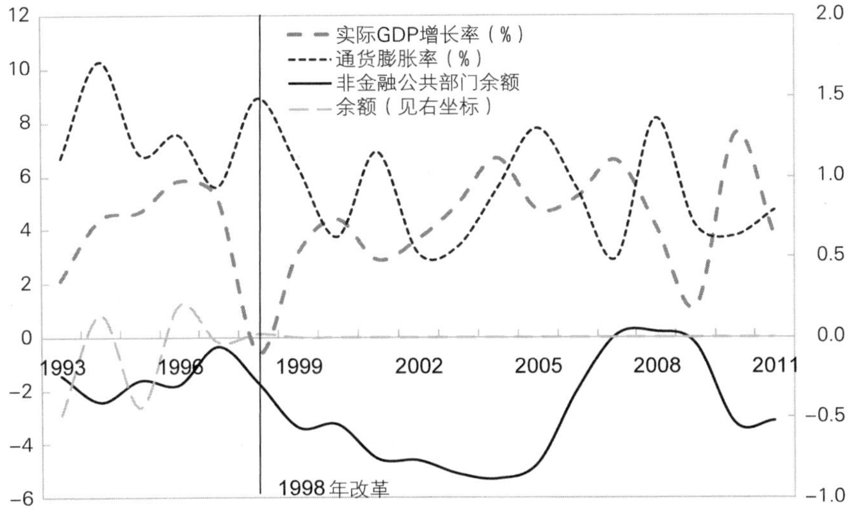


图6-2　1993—2011年菲律宾宏观经济发展与能源补贴改革

（占GDP的百分比，另有说明的除外）

资料来源：国际货币基金组织职员测算；国际货币基金组织，《世界经济展望》。

注：石油价格稳定基金（OPSF）在1998年石油行业放松管制之后已被废止。

改革的成功归功于良好的规划、精心设计的沟通策略、有效的建立共识以及强大的政治意愿（Bernardo 和 Tang，2008）。政治环境最初并不利于这样的改革，因为拉莫斯总统在大选中仅以微弱优势胜出并且他所属的政党在两院中都处于少数派地位。然而，在 1992 年总统就任后不久，改革就已经在计划和沟通中了。在改革初期就进行了公众宣传活动，包括在全国范围的公益演出以告知公众关于石油价格补贴的问题。虽然总统所在政党在国会占少数席位，但是他在行政机构和国会两院间建立了一个协调机构，并利用它优先推动放松石油管制的法案并打造共识。对石油行业改革的承诺作为国际货币基金组织援助计划前提条件的一部分，有助于为立法通过设立一个时间表。1994—1996 年，放松管制法案的初次推进正值天时地利人和，这是一个以通货膨胀下降、生产高速增长和汇率稳定为特点的“平静”的时期。尽管最高法院裁决 1996 年的放松管制法案违宪，但是总统在推进改革时，展现了政治领导力——修订后的法案于 1998 年生效，当时正处在亚洲金融危机导致增长减缓，汇率贬值，以及国内石油价格上升、行业再监管政治压力增加的环境下。

#### 6.1.2.3 缓解措施

当局出台了恰当的间接措施以缓解改革带来的影响（Bernardo 和 Tang，2008）。例如，1996 年的法律包括了一个过渡时期，在此期间燃油产品价格根据一个自动调节机制实行按月调整。在过渡期内，超过某阈值的价格上涨通过政府对石油价格稳定基金的转移支付来消纳。在放松管制后的若干年中，当国际石油价格超过某个阈值之后，政府会相应地调整进口石油关税，并且通过道义劝告石油公司不要大幅提价。

最近，当局宣布了好几项措施以缓解 2008 年中期的粮食和燃油危机带来的影响。政府启动了一揽子帮助穷人的支出计划，该计划由高油价带来的高增值税收入提供资金。这些政策包括：

- 对贫困家庭的电价补贴；
- 为低收入学生提供奖学金；

• 为公共交通转换引擎以使用成本更低的液化石油气提供贴息贷款（世界银行，2008）

另外，政府还采取了：

• 为低收入家庭提供粮食补贴；

• 在2007年年底启动了一个有条件现金转移支付的示范计划，并于2008年进行了扩大（Fernandez和Olfindo，2011）。

#### 6.1.2.4　经验和教训

菲律宾的燃油补贴改革经验证实了规划、坚持以及良好的沟通对实现改革成功的重要性。拉莫斯政府上台后不久便开始着力实施改革，体现了事先规划的好处。在国际货币基金组织项目支持下的改革承诺有助于确立改革的时间表。从改革初期开始，便得到了充分的宣传支持。尽管总统的政治基础薄弱，但建立在行政机构和立法机构之间的协调机构有效地推动了改革法案。政治领导力也是必不可少的，正如在最高法院裁定原始的放松管制法案违宪之后，在政府的努力下新的法案得以出台。

迄今为止改革得以维持可能要归功于它的全面性。不同于临时性的价格调整或简单的引入自动定价机制，菲律宾选择了放开石油下游行业的深入改革。其成功实现全产品链的燃油产品定价去政治化，从而给防止改革倒退建立起防护栏。

政府当局在2008年燃油价格高涨的情况下采取缓解措施帮助贫困人口，从而有助于维护对当局燃油价格改革措施的支持。当局能够利用高油价带来的巨额增值税给缓解措施提供资金支持，比起重新引入燃油补贴更有针对性并且政策效果更好。

## 6.2　电力补贴

### 6.2.1　菲律宾

#### 6.2.1.1　背景

在20世纪90年代后期，菲律宾电力行业的财务状况变得难以为继。

2001年改革以前，发电和输电由国有的国家电力公司（NPC）独家垄断。在20世纪80年代，由于国家电力公司的管理不善导致电力长期短缺。为了解决这个问题，在20世纪90年代早期政府将发电环节开放给了独立发电厂商（IPPs）。由于国家电力公司是独立发电厂商最主要的采购商，独立发电厂商政策使国家电力公司高度暴露在市场、汇率和燃油价格的风险下。最终，国家电力公司于20世纪90年代后期破产。主要还是由于未能在成本上升时提高电价，以及1997年亚洲金融危机后需求下降所致①（同时外部债务负担增加）。

#### 6.2.1.2 自2001年以来的改革

为了应对上述不足，以《电力工业改革法案》为依据，政府于2001年启动了电力行业的重大重组。改革法案中构想将国家电力公司业务拆分为发电业务和输电业务；发电和输电资产进行私有化；实施分类计价；成立一个独立监管电价的监督机构——能源管理委员会；建立电力批发市场；促进零售市场的长期竞争。一旦改革完成，通过定价去政治化和限制电力行业的国有成分，改革将消除暴露在电力部门中的直接财政风险。

然而，《电力工业改革法案》的通过并没有立即使电力行业的财务可持续性得到恢复。尽管在2001年成立了能源管理委员会，电力定价仍然没有去政治化，没有及时提价以消除国家电力公司运营赤字。能源管理委员会行政权力有限也是导致提价延误的另一个原因。另外，由于发电资产的私有化直到21世纪中期才开始启动，国家电力公司不得不承受继续向独立发电厂商采购所带来的亏损。其结果是，国家电力公司的亏损在2004年膨胀到了GDP的1.5%（见图6-3）。

在避免财政危机的强烈政治意愿下，2004—2005年电价被大幅上调。在2003年前后，菲律宾曾濒临财政危机的边缘——因为疲软的营收状况和国家电力公司的巨额亏损，公共部门赤字达到GDP的5%；公共债

① 本书借鉴了国际货币基金组织对菲律宾所做的各种国家报告（国际货币基金组织，2009b，2008；世界银行，2009）。

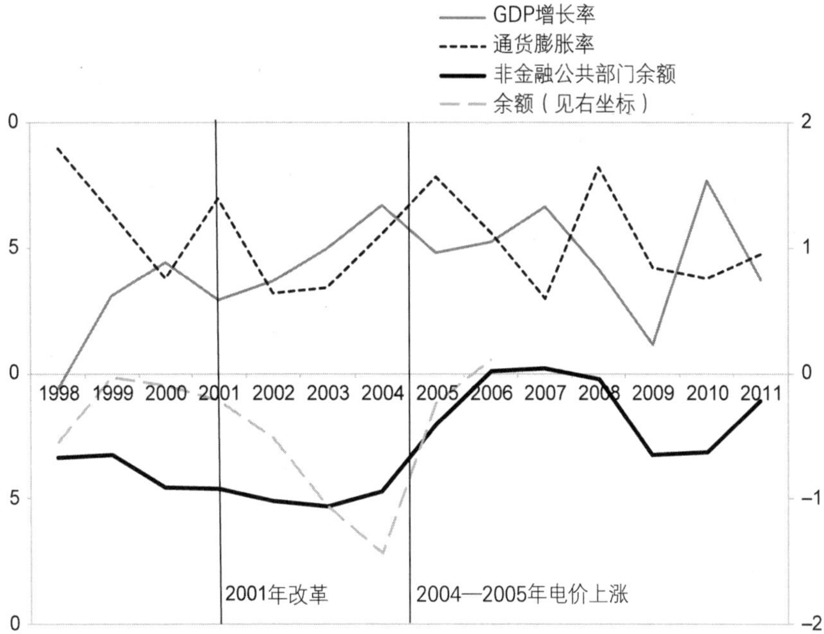


图6-3　1998—2011年菲律宾宏观经济发展与电力补贴改革（占GDP的百分比或比率）

资料来源：国际货币基金组织雇员测算；国际货币基金组织，《世界经济展望》。

注：NPC=国家电力公司。

务超过GDP的100%并处在上升通道中；不断提高的外债成本导致投资者信心降低。阿罗约政府有强烈的政治意愿对抗危机，并在2004年总统大选后实施了一揽子财政整顿方案。该方案包括提高增值税、消费税税率等收入措施，以及控制支出。在此背景下，电价从2004年年底到2005年年初被提高了30%，将国家电力公司亏损削减至2005年的占GDP的0.2%（见图6-3）。事实证明这些措施成功地避免了财政危机。

在过去8年中，电力部门改革持续推进。特别是大多数发电资产由私人所有；电力批发市场已经建立并运行；零售电价被拆分为发电、输电和配电费用；除了对贫困家庭实行生命线电价以及由小型电力事业集团对偏远及欠发达地区用户提供补贴之外，对其他用户的交叉补贴已被完全取消。剩下一个需要解决的问题是国家电力公司的重组成本——有待通过一般性电力收费弥补的沉没成本。

#### 6.2.1.3 缓解措施

2004—2005年电费加价对贫困家庭的负面影响主要是通过生命线电价措施来缓解的。《电力工业改革法案》准许了以生命线电价费率作为贫困人口的补贴价格。2006年，能源管理委员会批准了大多数配电商的生命线电价申请。折扣率从5%到50%不等，有300万户贫困家庭获益（菲律宾能源部，2006）。

#### 6.2.1.4 经验和教训

综合性改革（包括定价、监管、私有化和减轻对贫困人口的负面影响），对于消除电力补贴可能较为有效。在菲律宾的案例中，建立独立的电力监管机构有助于定价去政治化，私有化减少了电力部门中的直接财政风险，生命线电价计划减轻了电价上涨对贫困人口的影响。

电力改革需要较长时间来实施。菲律宾的改革开始于2001年，目前还在继续，需要经过相当长的时间才能看到成果。这是由于它面临各方面的体制挑战，比如电力行业拆分、发电厂大规模私有化以及监管机构的能力建设。

改革的成功有赖于贯穿改革始终的强力政治支持。在菲律宾的案例中，改革早期国有电力公司亏损的持续扩大对国家整体财政的稳定性产生了严重威胁。发生这种状况的原因在于电价上涨严重政治化，并且即便在电力监管机构成立之后涨价仍被延误，而发电资产的私有化又未能落实。在国家努力进行财政整顿以避免财政危机的背景下，政府决心减少国有电力公司的亏损，加价才最终得以获得批准。

[第7章]

# 对中东和北非地区的案例研究

奥兹古·德米尔科尔、吕克·莫尔斯、德拉格娜·奥斯托伊奇

## 7.1 石油产品补贴

### 7.1.1 伊朗伊斯兰共和国

#### 7.1.1.1 背景

20世纪80年代末，伊朗政府将石油产品补贴改革提上了政府议程，连续几届政府致力于推动石油产品补贴改革。21世纪初期，石油补贴改革受挫，导致能源消费激增，使伊朗成为世界上能源强度最高的国家之一。随着国际石油价格达到150美元/桶以及汽油离岸价格达到约2美元/升，使得伊朗国内0.1美元/升的汽油价格难以维持。随后为满足国内需求，伊朗减少了石油出口，而汽油的进口量不断增加，这种相对价格的不同（价格差）助长了向邻国的走私活动。2007年6月伊朗实行汽油限购，在一定程度上抑制了汽油需求的增长和走私活动进一步扩大，并有利于鼓励汽车替代燃料的开发，但是超过限购量以外的汽油购买价格仍然处于一个较低的水平，为0.4美元/升。表7-1列出了2005—2011年伊朗主要宏观经济指标。

表 7-1　　2005—2011年伊朗主要宏观经济指标

| | 2005 | 2006 | 2007 | 2008 | 2009 | 2010 | 2011 |
|---|---|---|---|---|---|---|---|
| 人均GDP（现价美元） | 2 924.6 | 3 428.5 | 4 312.1 | 4 857.1 | 4 926.5 | 5 637.9 | 6 419.6 |
| GDP增长率（%） | 4.7 | 6.2 | 6.4 | 0.6 | 3.9 | 5.9 | 2.0 |
| 通货膨胀率（%） | 10.4 | 11.9 | 18.4 | 25.4 | 10.8 | 12.4 | 21.5 |
| 财政余额（占GDP的百分比，%） | 3.0 | 2.1 | 7.4 | 0.7 | 1.0 | 1.6 | −0.2 |
| 公共债务总额（占GDP的百分比，%） | 9.6 | 8.5 | 7.8 | 7.2 | 8.9 | 11.3 | 9.0 |
| 经常账户余额（占GDP的百分比，%） | 7.6 | 8.5 | 10.6 | 6.5 | 2.6 | 6.0 | 12.5 |
| 石油进口额（占GDP的百分比，%） | 1.2 | 2.0 | 1.9 | 1.6 | 1.0 | 0.4 | 0.2 |
| 石油出口额（占GDP的百分比，%） | 27.5 | 26.8 | 27.5 | 24.7 | 19.4 | 20.7 | 25.0 |
| 人均石油消费量（升） | 1 155 | 1 224 | 1 217 | 1 223 | 1 224 | 1 108 | — |
| 贫困人口比例（占人口的百分比，%），按每天1.25美元（购买力平价）衡量 | 1.45 | — | — | — | — | — | — |

资料来源：国际能源署；国际货币基金组织，《世界经济展望》；世界银行，《世界发展指标》。

注：2011年数据是估计值。

#### 7.1.1.2　自2010年以来的改革

在认识到问题的严重性以后，当局政府于2010年12月推行了针对燃油补贴改革的第一阶段计划。补贴改革使伊朗成为主要石油出口国中第一个大幅度削减间接补贴并为家庭建立了覆盖全员的现金转移支付计划的国家。尽管刚开始油价急剧增加，但价格的逐步调整是改革设计的一个主要特点，计划是用5年多的时间使国内价格达到国际价格的90%。在改革的第一个阶段，政府大幅提高了所有主要的石油产品、天然气、电力、水和面包的价格。在价格调整之前，政府向在银行给家庭新开的账户中存入了现金转移作为价格上涨的财政补贴；部分因提价增加的财政收入分配给了企业，以帮助其降低能源强度。

政府的补贴改革也是出于更为广泛的结构性改革计划的考虑，改革更多的是为了促进经济发展和创造更多的就业机会而不是解决财政问题。与其他国家不同的是，伊朗的改革是受更加有效地利用其宝贵的油气资源所驱使，而非减轻补贴对财政账户的直接压力。伊朗当局一开始就很清楚改革的主要目的是减少浪费，实现理性消费。改革之前的立法和政治讨论否决了用能源补贴改革来改善国家财政收支平衡。补贴改革的目的是要补充范围更广的结构改革方案，还包括财政部门和税收的改革以提升经济竞争力。

尽管在2010年年末有一个好的开端，但由于对宏观经济形势恶化和财政状况的担忧，改革方案在2012年年末被中止。由于当局提出的第二阶段现金转移支付预算以及相应的价格上涨未获得议会支持，当局于2012年中期推迟了第二阶段改革的实施。此后，在2012年11月，议会以国内通货膨胀以及不利的经济发展形势为由，正式投票停止了第二阶段补贴改革的实施。议会的投票决议保持了现有的现金转移支付计划不变，但是禁止补贴改革计划中的能源价格进一步上涨。第二阶段的改革原定在2012年下半年实施，本应涉及进一步提高能源价格和对家庭的现金转移支付。按照原先的设想新一轮的改革还有望以更加有针对性的对低收入群体的现金转移支付替代全员覆盖的现金转移支付。

#### 7.1.1.3 缓解措施

- **现金转移支付**。因价格上涨而增加的收入中的80%通过现金转移支付按两月一次分配给家庭，最初政府倾向于把补贴定位于社会贫困阶层，然而在计划的时间节点内，在管理上显然难以实现确定并合理地筛选出受益人。

- **支持企业调整**。其余来自价格上涨的收入被用于支持企业调整以期降低企业能源强度。当局政府对超过12 000家企业进行了系统的分析，通过几个标准来评估改革可能对企业产生影响的各种渠道，并选出了其中7 000家企业给予其经营调整一定的、有针对性的援助，包括对工业和农业企业的直接援助，以及在补贴率下限量销售燃油，用来弥补企业投入要素成本的提高。

- **不同数量和区域的多级收费标准**。对电力、天然气和水实施多级收费标准来减轻价格上涨对小用户即大部分是穷人的影响。对电力、天然气和水的单位定价都采用了累进的模式，对大用户收取的价格略高于国际市场价格。新的收费计划还考虑了地区加热燃料在可获得性上的差异性。收费价目因地区而异，在对炎热、温度调节需求相对较高的地区实施较低的费率。类似地，天然气和水的收费价目亦体现了使用量和地区差异；在天然气缺乏地区，对供热成本实行密切的监测和监管，提供低价煤油配额和生命线电价来确保供热的负担能力。

- **延续汽油定量配给**。在2007年6月推出的汽油定量配给和配额电子卡系统也为汽油提供了一个事实上的多级能源定价结构，这使改革看起来更为缓和。汽油的配给价格虽然提高了，但依然远低于家庭可以无限量购买时的全额价格。此外，家庭购买者被告知他们不会失去任何未使用的汽油配额。定量配给需要实施全面的车辆登记制度并对汽油配额实行个性化的分配和管理。

#### 7.1.1.4 经验和教训

对全民的现金转移支付是人们接受补贴改革的关键。当局最初考虑的是对社会贫困阶层实行针对性的现金转移方案，但可以肯定的是在行政管理上难以确定并合理地筛选出受益人。此外，拒绝对高收入阶层的补贴会有引发能源消费大户集体不满的风险。最终，所有的公民都被允许申请补偿性转移支付，并对所有申请人一视同仁。同时，由于补贴是高度累退性的，从而在一定程度上不鼓励富裕的家庭去申请该补贴。

对所有的家庭提供均等的转移支付会带来再分配效应。对于从国内低廉的能源价格中获益很少的贫困人口，获得的补偿金占其收入的比重要大于中产阶级。事实上，补贴计划几乎足以使每个伊朗人脱贫。另外，均等的转移支付有助于限制补贴的累退性，这就赋予了政府的经济干预一个强大的公共关系立场，也获得了民众对改革的支持。

保持宏观经济稳定是改革成功的关键。伊朗停止第二阶段改革的实施正是由于对日益恶化的宏观经济情况的担心。在改革实施的第一阶段中，扩张性财政政策和货币政策的实施，加之不断恶化的外部环境，使得汇率压力加剧、通货膨胀率上升，并导致经济增长加倍受挫。与改革初衷大相径庭的是，现金转移支付预算据报道是赤字。此外，高的通货膨胀率实质上降低了真实能源价格，并部分抵销了能源价格上涨对消费的影响，使补贴改革的成果遭到破坏。

向高能效生产技术的转换和企业经营调整耗费的时间比最初计划要多。虽然一些企业继补贴改革之后能够继续扩大生产，但据报道，中小企业的发展由于高能源价格和有限政府支持而受到挤压。更有报道指出，企业在采用较高节能技术上也没有有效的进展。

沟通对于建立改革的公众基础是不可或缺的。伊朗在改革之前开展了广泛的公关活动，使民众知悉因维持低能源价格而不断增加的成本以及改革可能带来的预期利益。当局强调改革将使贫困家庭受益，因为他们将得到现金津贴，而过去由于低价能源大部分被富人消费，这些家庭很少从中受益。伊朗当局从一开始就强调改革并不是为了取消补贴，而是要将补贴对象从产品转变为家庭。然而，随着改革的实施，官方公开信息显示改革的实际情况和结果似乎并未完全实现该目标。

### 7.1.2　毛里塔尼亚

#### 7.1.2.1　背景

自2000年以来，毛里塔尼亚的宏观经济运行波动很大（见表7-2），

表 7-2 2000—2010年毛里塔尼亚主要宏观经济指标

| | 2000 | 2001 | 2002 | 2003 | 2004 | 2005 | 2006 | 2007 | 2008 | 2009 | 2010 |
|---|---|---|---|---|---|---|---|---|---|---|---|
| 人均GDP（现价美元） | 409.1 | 412.3 | 410.5 | 445.9 | 504.2 | 609.5 | 862.6 | 878.3 | 1 073.2 | 897.6 | 1 065.5 |
| GDP增长率（%） | 1.9 | 2.9 | 1.1 | 5.6 | 5.2 | 5.4 | 11.4 | 1.0 | 3.5 | -1.2 | 5.1 |
| 通货膨胀率（%） | 3.3 | 4.7 | 3.9 | 5.2 | 10.4 | 12.1 | 6.2 | 7.3 | 7.5 | 2.1 | 6.3 |
| 财政余额（占GDP的百分比，%） | 0 | 0 | -2.9 | -11.8 | -4.8 | -7.1 | 35.8 | -1.6 | -6.5 | -5.1 | -1.5 |
| 公共债务总额（占GDP的百分比，%） | 228.8 | 223.6 | 194.5 | 216.4 | 209.3 | 182.1 | 86.8 | 96.9 | 110.5 | 124.5 | 86.1 |
| 经常账户余额（占GDP的百分比，%） | -9.0 | -11.7 | 3.0 | -13.6 | -34.6 | -47.2 | -1.3 | -17.2 | -14.8 | -10.7 | -8.7 |
| 石油进口额（占GDP的百分比，%） | 8.6 | 7.4 | 7.4 | 7.8 | 9.7 | 10.6 | 9.4 | 15.3 | 16.5 | 8.2 | 9.9 |
| 石油出口额（占GDP的百分比，%） | 0 | 0 | 0 | 0 | 0 | 0 | 0 | 0 | 0 | 0 | 0 |
| 人均石油消费量（升） | — | — | — | — | — | — | — | — | — | — | — |
| 贫困人口比例（占人口的百分比，%），按每天1.25美元（购买力平价）衡量 | 21.2 | — | — | — | 25.4 | — | — | — | 23.4 | — | — |

资料来源：国际能源署；国际货币基金组织，《世界经济展望》；世界银行，《世界发展指标》。

GDP增长率在-1.2%（2009年）到11.4%（2006年）之间徘徊，而通货膨胀在2.1%（2009年）和12.1%（2005年）之间摇摆。经济波动的原因部分是由于受外部冲击，部分是由于政策。特别是在2006年发现石油以后，当局政府采取了扩张性的财政政策，直至2010年3月国际货币基金组织支持的一项在“扩展信贷计划”（ECF）下的项目开始之后才出现反转。毛里塔尼亚还受到了多次旱灾以及2008—2011年国际石油和粮食价格暴涨的严重打击。

#### 7.1.2.2　2008年以来的改革

毛里塔尼亚的能源补贴改革是受上述财政扩张和国际燃油以及食物价格暴涨所推动。2006年石油的发现促使公共支出增长，特别是工资（通过提高薪金）和补贴的支出。然而与预期相反，发现的石油实际上很少，这样规模的财政支出显然是不可持续的，尤其是考虑到毛里塔尼亚对波动性的矿业收入的依赖性。2008年国际燃油和粮食价格的大幅增长以及2011年的进一步增长，导致财政压力增加。结果，补贴改革和工资总额控制成为当局政府在国际货币基金组织支持计划下财政调整战略的基石。调整战略是为了释放资源，而同时又允许更为急需的社会性和基础设施支出增加。

更有针对性的社会保障是在国际货币基金组织支持计划下政府财政调整战略的一个明确组成部分。伴随着国际燃油价格上涨的补贴（包括柴油、液化石油气、电力）以牺牲最贫困阶层人民的利益为代价而使富人受益。大约80%的能源补贴被最富有的40%家庭得到，从而加剧了收入不平等。此外，对食物的紧急救济补贴并没有实现缓解高物价影响的目的。

2008年的能源补贴改革尝试未能成功。2008年初燃油价格的冻结导致了能源销售企业（均为私有企业）的巨大损失。2008年7月末，政府把石油产品价格提高了17.5%~20%。在这个阶段的燃油补贴改革背景下，既没有实施特别的公共沟通策略，也没有出台具体的缓解措施。此外，补贴改革有关的条件并未包含在2006—2009年的国际货币基金组织减贫增长贷款安排中。这种一次性的价格调整引发了抗议活动，导致了政治局势的不稳定，最终以2008年8月的一次军事政变告终。政变之后，减贫增长贷款被暂停；2008年11月油品提价被撤销。

石油产品价格变动的时间和幅度显示出政策的任意性和临时性，石油产品价格由政府控制，根据价格结构和公式设定，原则上当国际石油价格或汇率变化超过±5%时每个月都应进行调整。实际中，当局不愿意调整油品零售价格，特别是当国际石油价格很高时（比如2008年），政府限制价格上涨，这就造成了石油销售公司的巨大损失；同样，当国际石油价格暴跌时，政府限制国内价格下降，从而使石油企业得以弥补以往的损失（如2009年）。

国内政治局势稳定之后，在国际货币基金“拓展信贷计划”的支持下，政府从2011年开始有所进展。政府征得石油销售公司的同意于2012年5月引进了新的柴油价格公式，采用简化的成本结构。尽管自2011年1月以来石油价格上涨超过了20%，同时也缺少有效的公共传播战略，但改革的反对声有限。与2008年不同，缓解措施的出台是政府能源补贴改革的明确组成部分。国际货币基金组织提供的技术援助满足了政治对话的需求。2012年6月的数据显示，尽管国际石油价格大幅上涨，严格执行基于两周调整一次的新石油价格机制有效地推动国内燃油价格达到国际水平（见图7-1），这是改革的主要成就之一。

然而，现在断言所获得的成效是否能够持久还为时过早，还有许多工作有待完成。在2012年后半年，由于国际价格急剧增长，政府没能把价格一直保持在国际水平。为确保定价机制即便在面对国际价格剧烈波动时依然能够自动调整，政府试图引进任何单次调整以3%的幅度为上限，以防自动定价机制导致石油价格的剧烈变动。这种缓和的方法会避免国内石油零售价格发生过度波动，从而可能破坏该价格机制的政治支持。随着计划中的电价（对于大型消费者）和天然气价格的上涨，补贴会进一步下降。

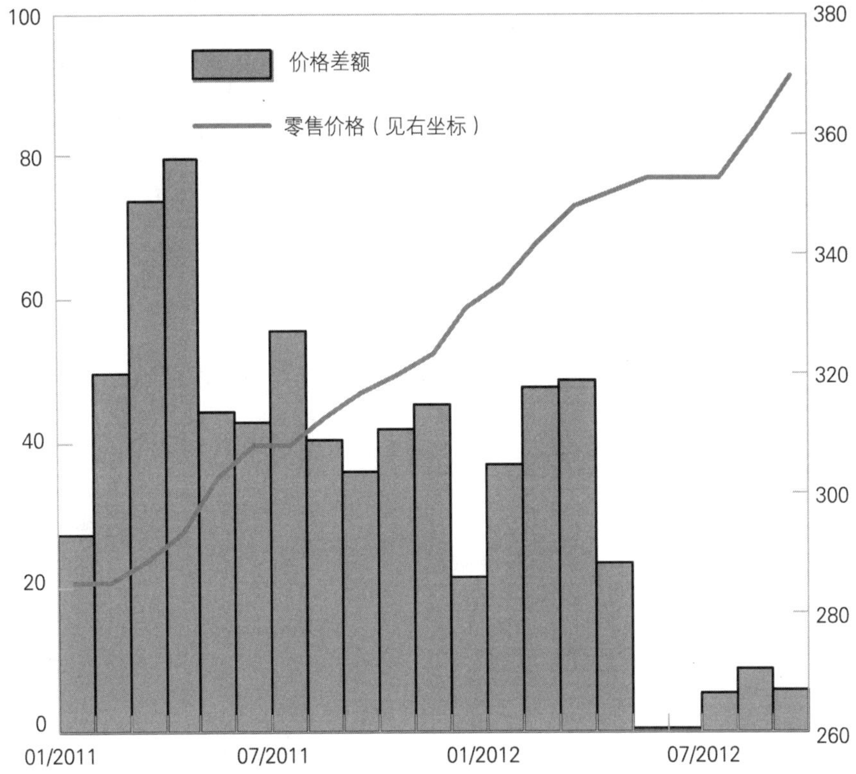


图7-1　2011—2013年毛里塔尼亚的柴油零售价格及价格差额（乌吉亚/升）

资料来源：毛里塔尼亚当局和国际货币基金组织工作人员。

注：完全传递价格通过进口成本、利润加成和税收之和计算。价格差额通过完全传递价格与国内零售价格之差计算。

高的国际价格也加重了对电力部门的补贴成本。毛里塔尼亚国家电力公司是国有电力公司，毛里塔尼亚几乎全部的电力都来自该公司，由于国际燃油价格上涨，该公司也遭受了重大的损失。全国2/3的用电量由热电厂生产，柴油和汽油各占燃油的一半。尽管国际价格上涨，电价在近年来却没有上调。居民电价和商业电价在该地区都是最低的，据估计至少比成本价低30%。

在国际货币基金组织支持计划下，政府也开始致力于解决电力补贴问题，在世界银行和法国开发署（French Development Agency）的共同帮助之下设计了一项重组计划。政府对国家电力公司进行了资本重组，通过以下方式厘清了财务关系：（1）按时支付电费账单；（2）全年中定期给予国家电力公司运转所需的补贴；（3）拟定一份到2010年年底偿清累积欠款的计划。此外，从2012年年初起要实现服务业电价与中压电电价一致。这些措施的实施，加上伊斯兰开发银行的新信贷额度，使该公司能够极大地减少其向银行寻求在过去耗尽其财力的高利率借贷。由一家国际公司主导的价格研究项目将在2013年完成，该项目的完成将带来电价特别是用电大户支付电价的上调。另外，当局已经呼吁咨询公司同国家电力公司及政府建立运营合同。

#### 7.1.2.3 缓解措施

*应急措施*。2011年毛里塔尼亚当局出台了紧急救济措施来减轻高的国际燃油价格及干旱导致的粮食紧缺对穷人的影响，新的一揽子计划价值400亿乌吉亚（占GDP的3.4%），就该地区石油进口国而言这个比重是最大的，与2008年的紧急计划不同，包括的措施大部分是可逆的（如未包含给公职人员加薪）。因此，与之前的政策相比有所改进，社会反应良好。

*社会保障体系计划*。受国际货币基金支持的政府计划设想通过永久性的社会保障体系替代该临时性计划。政府计划对现有的抗旱应急程序进行全面评估，特别拟对实施延长至2012年年底的“补贴粮食商店”计划的运营进行全面评估。这个粮食补贴计划在农村地区并不总是有效地惠及最贫困的家庭。另外，随着有史以来最严重干旱影响的消退，现在有机会逐渐取消该计划的大部分措施，通过调整资金方向有针对性地实施现金转移支付计划。

*现金转移支付*。在世界粮食计划署的帮助下，现金转移支付计划已经付诸实施。这项快速实施的计划的帮扶对象是通过贫困调查在努瓦克肖特地区所确定的10 000个贫困家庭，每个家庭每月通过银行转账收到15 000乌吉亚（相当于法定最低工资的一半），该计划的一个正面效应是受益者也因此获得了金融服务。在2012年6月，该计划的目标家庭扩大为在4个粮食高度不安全地区的15 000个家庭。由于大部分的贫困人群仍然在农村

地区，这种针对性强的现金转移支付计划之所以能够推广得益于扩大脆弱性和贫困调查以便覆盖全国。

更广泛的社会保障。受联合国儿童基金支持的更广泛的社会保障战略也将进一步扩大社会保障体系的覆盖面，从而更好地保护穷人和弱势群体。因此，在技术和财务伙伴的帮助之下，政府计划加强学校免费自助餐厅、以工换粮、保护孕妇等方面工作。此外，认识到干旱对粮食安全的不利影响，他们制定了2015—2030年国家粮食安全战略和相关的国家投资计划。

#### 7.1.2.4　经验和教训

尽可能去政治化的燃油价格调整将有利于保持价格改革的最初成果。毛里塔尼亚新的柴油价格机制能够有效地限制补贴，单次调价上限能确保在国际石油价格大幅波动时燃油零售价格不会发生剧烈波动而动摇自动定价机制的政治基础。同时，这种价格平滑机制仍然可以使国内燃油价格与国际价格变化趋势保持一致。

过快减少补贴可能会引起反对改革的声音。2008年突然大幅提高燃油价格遭到了强烈的反对，引发了政治的不稳定，最终使改革倒退，当时由于缺乏缓解措施使得局势进一步恶化。

社会缓解措施可以减轻价格上涨对穷人的影响，减小能源价格上涨的阻力，但是措施的设计需要有较强的针对性。毛里塔尼亚近期在世界粮食计划署协助下开展的现金转移支付计划在这方面显示出发展前景。相反，早期的紧急救济计划针对性较差，效果不理想。此外，要注意临时应急计划不能成为永久的福利而耗竭财政资源。到目前为止，缺乏成熟的宣传活动在毛里塔尼亚还没有成为改革的障碍。然而，当局最好采用明确的宣传活动辅助能源补贴改革，以便解释改革对公众的有利之处，公开改革释放的预算资源的使用也有利于提高公众对改革结果的信心。

需要明确地认识到并处理好燃油和电力补贴改革两者之间的关系。如果一个高补贴的电力部门使用大量的燃油，如毛里塔尼亚，燃油价格上涨可能会使电力部门出现问题。以公共电力事业部门为例，改革还应伴随厘清公共电力事业部门与当地政府的财务关系。

调动其他专业领域捐助伙伴的参与能提高改革的成功概率。以毛里塔尼亚为例，世界粮食计划署和联合国儿童基金会对社会保障建设的促进作用是显而易见的。在世界银行和法国发展署的支持下开展的电力部门和国家电力公司重组问题研究解决了电力补贴改革的关键问题。

### 7.1.3 也门

#### 7.1.3.1 背景

20世纪90年代以来，也门为减少燃油补贴多次尝试了改革。补贴的规模随时间变动，反映了国际燃油价格、消费量、汇率及国内价格的变化。也门补贴改革的主要目标是改善其财政状况，兼顾社会问题。尽管实施了这些改革，但是补贴支出在财政预算中仍然保持较大比重，2012年补贴占GDP的10%左右（2008年达到占GDP 14%的峰值），额度超过了基础设施建设和社会支出的总和。表7-3列出的是2000—2011年也门主要宏观经济指标。

#### 7.1.3.2 1994年以来的改革

1994年后，政府提高了汽油的价格，但是货币贬值抵销了国内汽油价格上涨带来的所有收益。1990—1994年也门内战之后，政府将燃油产品价格提高了75%，事实上这些燃油主要由富裕家庭消费。然而，1995年本国货币贬值近240%，这导致由燃油价格上涨带来的收益被货币贬值所抵销。在1995—1996年，政府进一步提高了4种燃油产品的价格：汽油价格提高了80%，柴油提高了100%，煤油提高了189%，分两步提高了液化石油气价格（先提高了123%，后又提高了5%）。然而，以美元计算的价格仍然远低于1994年的水平。在2000—2004年，政府又连续两年将柴油价格提高了30%。但以美元来计算，柴油价格仍低于10年前的价格水平。在1994—2004年，本国货币贬值抵销了国内燃油价格上涨带来的所有收益。在此期间，政府还试图通过将煤油价格设置得高于液化石油气价格来减少煤油在炊事中的使用。

最重要的补贴改革于2005年推出，旨在中期内逐渐调整国内燃油价格。此次改革基于世界银行的研究和国际货币基金组织的政策建议，强调了面对石油储量下降时仍需保持财政可持续性。因此，在2005年7月，政

表7-3　2000—2011年也门主要宏观经济指标

| | 2000 | 2001 | 2002 | 2003 | 2004 | 2005 | 2006 | 2007 | 2008 | 2009 | 2010 | 2011 |
|---|---|---|---|---|---|---|---|---|---|---|---|---|
| 人均GDP（现价美元） | 539.6 | 532.4 | 560.0 | 597.8 | 682.1 | 797.7 | 881.6 | 971.3 | 1 171.1 | 1 061.0 | 1 272.5 | 1 343.3 |
| GDP增长率（%） | 6.2 | 3.8 | 3.9 | 3.7 | 4.0 | 5.6 | 3.2 | 3.3 | 3.6 | 3.9 | 7.7 | -10.5 |
| 通货膨胀率（%） | 12.2 | 11.9 | 12.2 | 10.8 | 12.5 | 9.9 | 10.8 | 7.9 | 19.0 | 3.7 | 11.2 | 19.5 |
| 财政余额（占GDP的百分比，%） | 6.1 | 2.8 | -0.6 | -4.2 | -2.2 | -1.8 | 1.2 | -7.2 | -4.5 | -10.2 | -4.0 | -4.3 |
| 公共债务总额（占GDP的百分比，%） | 61.2 | 60.7 | 57.8 | 56.8 | 52.1 | 43.8 | 40.8 | 40.4 | 36.4 | 49.8 | 40.9 | 42.4 |
| 经常账户余额（占GDP的百分比，%） | 13.8 | 6.8 | 4.1 | 1.5 | 1.6 | 3.8 | 1.1 | -7.0 | -4.6 | -10.2 | -4.4 | -3.0 |
| 石油进口额（占GDP的百分比，%） | 2.2 | 5.1 | 6.2 | 6.8 | 7.5 | 10.5 | 17.7 | 18.1 | 13.3 | 7.8 | 6.7 | 8.7 |
| 石油出口额（占GDP的百分比，%） | 35.1 | 29.5 | 29.4 | 29.3 | 31.0 | 35.6 | 35.3 | 28.3 | 28.7 | 17.6 | 20.2 | 23.3 |
| 人均石油消费量（升） | — | 252.3 | 260.8 | 265.4 | 274.4 | 280.5 | 279.1 | 293.8 | 305.4 | 316.4 | 322.6 | — |

资料来源：国际能源署；国际货币基金组织，《世界经济展望》；世界银行，《世界发展指标》。

府将国内燃油价格平均提高了130%。此次价格上涨导致了暴力抗议事件，迫使政府部分回调了价格。尽管如此，燃油价格净调整幅度仍然较大，汽油、柴油、煤油、液化石油气价格分别提高了71%、106%、119%、7%，但是主要用于发电的柴油价格没有上涨[1]。需要重点注意的是，这个时期的社会矛盾不仅涉及燃油补贴改革，还有税收制度改革。燃油价格调整初期的成功被随后几年商品价格上涨所抵销。结果，补贴成本仍然很高，在2005年占全国GDP的近9%。

在2010年，作为国际货币基金组织“扩展信贷计划”支持下的改革措施的一部分，也门国内汽油、柴油、煤油的价格平均提高了约30%，液化石油气的价格在9个月的时间内提高了一倍。该项改革策略获得了世界银行的技术援助，并吸取了之前改革的经验和教训。但是加强政府公共信息宣传的策略没有被采纳，相反，政府直接进行了小幅提价。除了提升燃油价格以外，政府还引进了一些提高效率的措施，如用天然气发电机取代柴油发电机。2010年年末，也门开始实行差异化的柴油价格，对商业用户收取更高的价格。由于2009年财政赤字达到了占GDP 10%的历史最高纪录，这一阶段改革的主要目的是减轻财政压力。

在2011—2012年，由于政治危机和财政空前紧张，政府将汽油价格提高了66%，同时将柴油和煤油价格提高了一倍[2]。尽管执政党和反对党之间政治局势紧张，但总的来说这次改革被公众所接受。国内炼油厂提供石油的主要管道遭到了破坏，而与此同时，政府只能进口有限的成品油产品。石油的短缺，导致国内黑市的出现，其价格是官方售价的几倍，这也导致加油站排起长队。这种局面对国民为获得持续的燃油供应而接受官方价格上涨起到了一定作用（见图7-2）。

---

① 另外，发电厂以低于其他使用者的价格获得柴油。

② 汽油价格最初对于90%的消费者上涨了133%，而对于10%的消费者（使用汽油的贫困家庭）没有变化，在2011年价格上涨被部分调回，但价格是统一的。

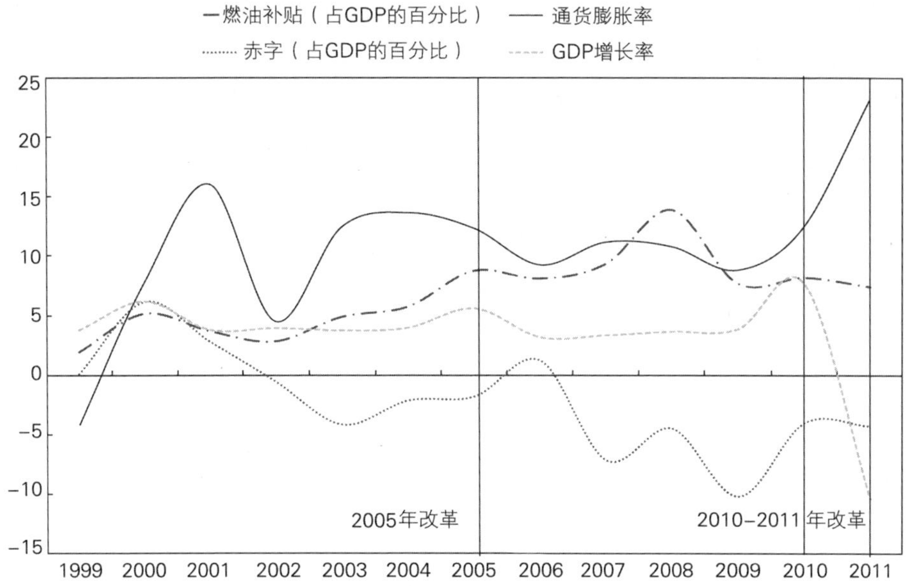


图7−2　1999—2011年也门宏观经济发展和能源补贴改革（占GDP的百分比或比率）

资料来源：国际货币基金组织工作人员和也门当局。

#### 7.1.3.3　缓解措施

也门富裕家庭从燃油价格补贴中获得了较多的利益，有直接的利益（因为他们消费的能源要多于贫困家庭），也有间接的利益（因为他们消费更多的能源密集产品和服务）。总体而言，大约40%的燃油补贴流向了最富裕的20%的家庭，只有25%的补贴流向最底层的40%的家庭（基于2005年哈佛商学院更新的调查数据）。利益分配的不平等状况因燃油产品而异。以汽油为例，在底层的40%家庭仅获得10%的直接补贴。

为了减轻过去补贴改革对穷人的影响，当局推行和加强了以下社会保障体系措施：

有条件的现金转移支付。1996年成立了社会福利基金，作为减缓贫困的安排向家庭提供有条件的现金转移支付。基金的覆盖面逐渐扩大，转移支付额度也在逐步提高。现金转移支付意在部分缓解燃油补贴改革的影响。旨在获得社会支持的政策措施实施的时效性是不同的。例如，2005

年的补贴改革，耗费了3年时间才通过允许简化申请福利和增加月转移支付的社会保障法。相比之下，2010年改革时，将现金转移支付方案的覆盖面扩大50%几乎同时就发挥了作用。到目前为止，2011—2012年的改革阶段还没有实行任何缓解措施，但是政府正在考虑进一步扩大社会福利基金的覆盖面或增加转移支付的规模（见图7-3）。

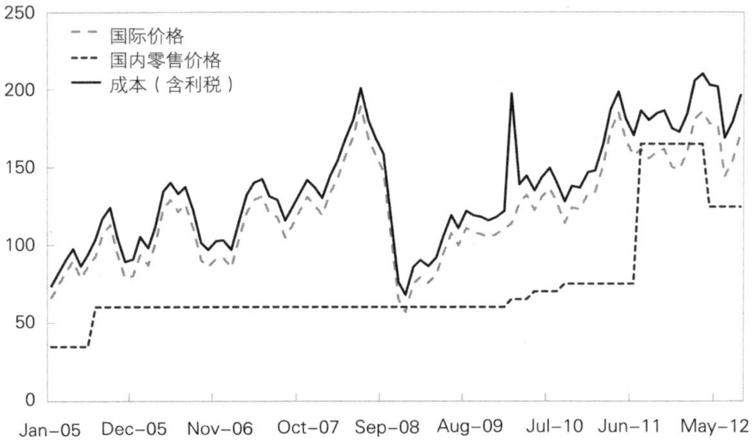


（a）汽油价格

（b）柴油价格

图7-3　2005—2012年也门的燃油价格与国际完全传递价格（里亚尔/升）

资料来源：国际货币基金组织工作人员和也门当局。

公共工程。公共工程计划项目主要是预防贫困，该计划能够提供短期就业机会，同时通过劳动密集型的公共工程计划支持小型承包商。

社区和企业发展。此外，社会发展基金意在促进社区和小微企业的发展，并为暂时或者长期处于贫困的居民提供短期就业机会。

燃料转换。其他的缓解措施包括向更便宜的燃料转换。例如，在21世纪初，政府鼓励居民使用液化石油气取代煤油。2010年，以柴油为燃料的发电厂转换为用天然气发电。

#### 7.1.3.4　经验和教训

关于提价的快慢和幅度的经验存在差异。当让公众意识到改革的必要性和益处时（例如确保足够的供应），他们就能接受较大幅度的价格调整。相反，当政府没有对改革进行有效的公共信息披露，特别是在政治局势紧张时期，改革就会受到公众反对，迫使政府对改革进行部分调整。通过加强社会保障措施，同时与民众进行有效的沟通有助于改革获得公众的支持。

避免对同种燃料产品设置多重价格也很重要。也门政府为保护弱势家庭对汽油和柴油设置了多重价格，然而，这种做法不仅实施起来困难，而且助长了套利和市场价格扭曲。由于商业用户试图以更低的居民价格来获得燃料产品，这也给管理带来了挑战，因为燃油产品不像用表计量的产品如电力一样容易实现差别定价。

如果能够精心设计、及时实施现金转移支付和其他社会保障方案，就可能有效地保护穷人，减少对改革的反对。社会福利基金、公共工程项目和社会发展基金都有助于减少对改革的反对。基于这些经验，可以认为如果在2005年进行改革的同时实施社会保障项目，那么反对改革的声音可能会减少。

虽然不利的经济状况使改革更为迫切，但同时也使价格调整更加困难，尤其是在政治局势紧张的情况下。因此，尽可能在社会经济状况进一步恶化前及时实施改革计划显得尤为重要。用于补贴的大量资源便可以用于救济贫困人口、刺激经济增长和创造就业机会，从而得到更为有效的利用。

提高效率和改善治理也有助于降低补贴成本。制定恰当的燃料相对价格（如天然气和柴油、液化石油气和煤油）能够有效地激励消费者在燃料品种间进行转换。加强治理也有助于增强针对性并减少滥用、走私的发生。

[第8章]

# 对拉丁美洲和加勒比地区的案例研究

艾伦·迪兹奥里、哈维尔·卡普索利、奈崎滨崎雅宏、毛利西奥·索托

## 8.1　石油产品补贴

### 8.1.1　巴西

#### 8.1.1.1　背景

20世纪80年代巴西经济运行的特点是低增长、高通货膨胀、财政的严重失衡，经济平均增长率为3%，平均通货膨胀率为272%。扩张性的财政政策导致在这一时期总预算赤字平均占GDP的5%，在1989年预算赤字甚至达到了GDP的7%。疲软的财政导致公共债务净值的增长，1981年占GDP的24%，到1989年几乎达到了GDP的40%。这些恶化的经济状况给当局政府带来巨大压力，政府不得不修改巴西的进口替代政策并放宽经济政策（Giambiagi和Moreira，1999），包括能源部门。

在20世纪80年代，国有石油公司——巴西石油公司（Petrobras）在石油市场占主导地位，其垄断了上游市场和精炼液体燃料市场。此外，巴西石油公司还垄断了原油和石油产品进口。虽然燃油的分销对私营公司（包括跨国公司）是开放的，但最终消费价格是由政府来决定的。1980年成立的石油稳定基金目的是稳定原油价格。销售给精炼厂的石油价格是经过调整的，以便将巴西石油公司的炼油成本控制在政府设定的价格。在国际原

油价格较高时，石油稳定基金使巴西石油公司承担或有负债（Contingent Liability）；当国际原油价格较低时或有负债就被抵销，设定的柴油和液化石油气价格也始终低于进口平价成本水平。由于石油进口成本的不断增长，原油稳定基金和巴西石油公司产生巨额赤字。为了弥补这些亏损，政府在20世纪90年代向巴西石油公司划拨了58亿雷亚尔（占1995年GDP的0.8%）转移支付，巴西石油公司不得不承担预算中未公布的其余损失。

表8-1为2000—2011年巴西主要宏观经济指标。

表8-1　　2000—2011年巴西主要宏观经济指标

| 年份 | 2000 | 2003 | 2008 | 2010 | 2011 |
|---|---|---|---|---|---|
| 人均GDP（现价美元） | 3 751 | 3 104 | 8 729 | 10 816 | 12 917 |
| GDP增长率（%） | 4.31 | 1.15 | 5.16 | 7.49 | 3.77 |
| 通货膨胀率（%） | 6.18 | 13.72 | 8.33 | 8.23 | 6.97 |
| 财政余额（占GDP的百分比，%） | −3.37 | −5.31 | −2.34 | −5.93 | −3.57 |
| 公共债务总额（占GDP的百分比，%） | 51.1 | 59.6 | 58.5 | 63.7 | 62.2 |
| 公共债务净值（占GDP的百分比，%） | 47.7 | 54.9 | 38.1 | 40.2 | 38.6 |
| 经常账户余额（占GDP的百分比，%） | −3.76 | 0.76 | −1.71 | −2.21 | −2.12 |
| 石油进口额（占GDP的百分比，%） | 1.19 | 1.16 | 1.84 | 1.21 | 1.25 |
| 石油出口额（占GDP的百分比，%） | 0.16 | 0.33 | 0.33 | 0.19 | 0.23 |
| 人均石油消费量（升） | 412 | 394 | 482 | 624 | — |
| 贫困人口比例（占人口的百分比，%），按每天1.25美元（购买力平价）衡量 | 11.82 | 11.21 | 6.01 | 6.14 | — |

资料来源：国际能源署；国际货币基金组织，《世界经济展望》；世界银行，《世界发展指标》。

#### 8.1.1.2　燃油价格改革——20世纪90年代到2001年

政府通过逐步取消补贴的方式来应对利益集团的反对。为建立公众对改革的支持，政府向消费者承诺，私有化和自由化会降低能源价格并改善服务。即使较低的燃油价格是引发补贴的原因，当局仍然希望通过提高炼油厂的效率来降低补贴费用，而不是通过提高燃油价格。

燃油价格自由化分几步走。市场自由化开始于20世纪90年代，同时伴随的是成品油价格的自由化，如沥青和润滑油（见图8-1）。随后燃油价格进一步放开是在1996年对终端消费者实行自由化的汽油价格，1998年实行自由化的液化石油气价格以及2001年实行自由化的柴油价格。被最先取消补贴的产品是那些政治利益不大的产品，而政治利益较大的燃油品（如用于运输和工业的燃油）则在之后取消。取消对乙醇生产商和给巴西石油公司提供设备和服务的供应商的补贴是自由化政策的最后一步。

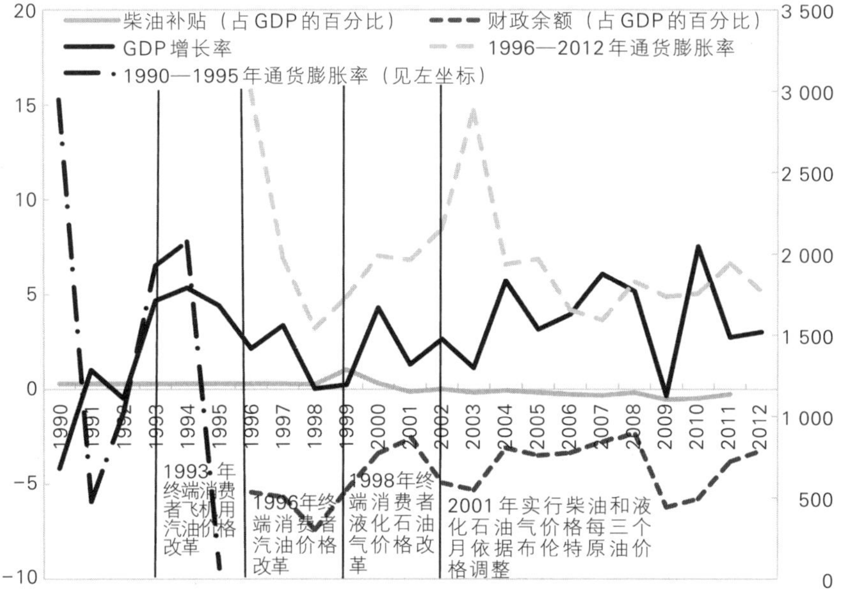


图8-1 1990—2012年巴西的宏观经济发展和能源补贴改革（占GDP的百分比或比率）

资料来源：国际货币基金组织工作人员和巴西当局。

价格自由化伴随着短期内通货膨胀的加剧，从图8-1中可以看到市场自由化的动态影响。在每次改革之后，都会在短期内出现通货膨胀攀升，但是当价格被允许随着国际市场发生波动时，从长期来看，通货膨胀最终会消失。

即便在自由化以后，巴西石油公司在市场中仍然保持垄断地位。1995年，巴西石油公司对上游市场、精炼液体燃料和进口原油的垄断权被取消。巴西国家石油管理局于1997年创立，其主要责任是监督管制、部门重组以及管理油田勘探的拍卖。尽管当局不断努力扩大私有化，但巴西石油公司仍然是炼油和分销的实际垄断者。

高通货膨胀和货币贬值给控制补贴的财政成本带来巨大挑战。为避免补贴增加，在高通货膨胀环境下有必要频繁提高价格。但是在20世纪90年代柴油价格上涨没有与汇率贬值保持一致，导致柴油补贴急剧增长，1999年柴油补贴甚至占到GDP的1%（见图8-1）。

#### 8.1.1.3 自2002年以来的燃油定价

事实上，从2002年开始，所有燃油的官方价格都实现了自由化，这有助于避免补贴的反复性。在2001年到2003年，尽管经济形势对汇率有巨大压力，但燃油价格仍然保持增长并高于国际水平。2005年以前，燃油价格呈现稳健增长，之后尽管国际石油价格呈现波动，但国内燃油价格较为平缓（见图8-2），在燃油生产和销售链上并没有官方定价。在新的监管方案下，巴西国家石油管理局通过“燃油价格和利润率的调查”实施燃油价格监管，调查对象包括汽油、乙醇燃料、柴油、车用天然气和液化石油气。

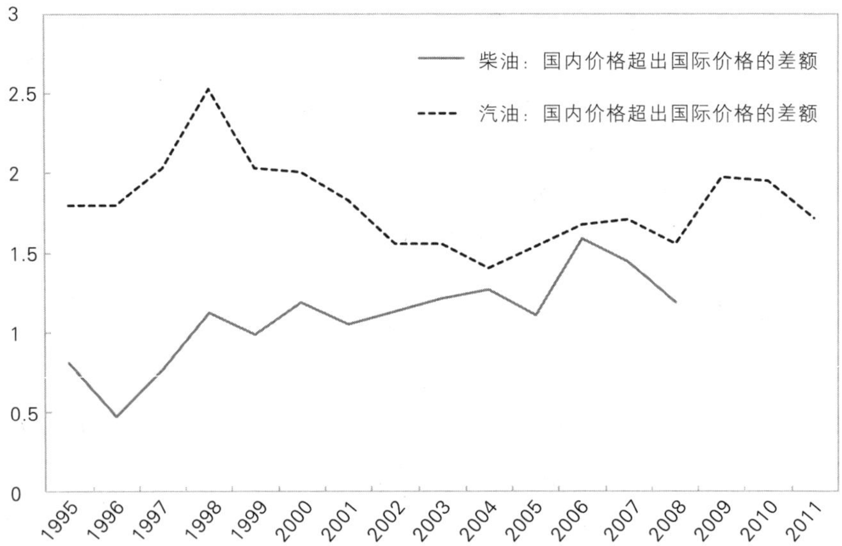


图8-2　1995—2011年巴西燃油价格的变动

资料来源：巴西当局和国际货币基金组织工作人员估算。

#### 8.1.1.4　改革的持续性

尽管名义上石油价格由巴西石油公司决定，但事实上政府把价格作为调控通货膨胀的工具。例如，2004年政府减少对汽油和柴油征税，取消了对液化石油气和燃油征税，以便保证最终消费者获得稳定的油品价格。由于较低的税率和征税范围变窄，尽管消费量增长了，但石油税收总额没有增加。在大多数年份里，巴西石油公司扣除燃油税后获得的销售油价已不足以弥补这些产品的销售成本，下游业务的经营损失抵销了来自上游业务的利润。

近期石油进口价格的不完全传递也对巴西石油公司的利润产生了影响。随着2010年到2012年国际燃油价格的上涨和汇率的大幅贬值，燃油进口价格大幅增长，但并没有完全转嫁给消费者。2010年到2012年国内汽油价格与国际汽油价格的比值从1.95下降到1.47，柴油从1.44下降到1.02。尽管燃油税降低了，巴西石油公司的售价仍不能弥补进口价格的增长。在2012年，巴西石油公司利润为100亿美元，是2004年以来的最低水平，与2011年相比利润减少了36%。而2013年经过两次国内价格上调，到2013年5月汽油和柴油的国内价格与国际价格比分别达到1.55和1.11。

#### 8.1.1.5　缓解措施

**燃油补贴**。对政治敏感的亚马逊地区热电厂给予燃油供应补贴的政策持续了10年，到2012年才结束。

**进口税**。2001年，政府在成品油进口和销售环节引进了新的税种，增加的税收收入为以下方面提供了资金支持：（1）乙醇生产商和碳氢化合物运输补贴；（2）低收入家庭使用液化石油气；（3）环境保护相关项目；（4）道路建设。

**石油气证**。在2001年取消液化石油气补贴之后，政府在2002年引进了新的液化石油气补贴——石油气证，以帮助低收入家庭购置液化石油气。获得补贴的资格通过经济状况调查进行认定。

**有条件的现金转移支付**。2001年开始实施有条件的现金转移“助学金”计划。

2003年，这两个有针对性的计划（气券和助学金）被并入一个全国性的有条件现金转移支付示范项目——Bolsa Familia家庭补助计划。

#### 8.1.1.6 经验和教训

逐渐取消补贴有助于减少来自补贴受益群体的阻力。在巴西，采取逐步取消补贴政策是为了确保改革过程在政治上可接受。最先被取消补贴的产品（沥青、润滑油和飞机汽油）通常是政治上处于弱势相关利益的产品，而政治上可行性困难的产品（用于运输和工业的液体燃料）通常最后才被取消补贴。

市场自由化改革在受民众欢迎的政府主导下成功的几率更大。当长达10年之久的极度通货膨胀被控制之后，卡多佐总统政府得以利用政治支持推进自由化议程。在不稳定的宏观经济条件下，随意的石油价格调整政策和石油稳定基金并不能发挥作用，还可能会带来不利的影响。在20世纪80年代，石油价格稳定基金的运行使赤字大幅增长，政府在20世纪90年代中期不得不向巴西石油公司划拨了一笔相当于1995年GDP的0.8%的补贴资金，以弥补基金的损失。此外，过低的价格导致在勘探和炼油领域的低投资。

宏观经济的不稳定会导致价格受管制的产品出现补贴。1999年，由于国内货币贬值，以及无法快速调整燃油价格，引发了柴油补贴。而随后的价格自由化，价格随着汇率波动进行自动调整，使补贴改革得以维持。

有针对性的社会措施可以减少补贴改革的阻力并增强改革的持久性。在2001年价格自由化之后，巴西采用气券来补偿液化石油气价格上涨对低收入家庭的影响，而随后又采取了有条件现金转移支付计划，使得取消补贴得以长期维持。

由于燃油价格不能完全传递给消费者，这可能不利于国有能源企业的盈利。2011年到2012年，由于汇率贬值，巴西石油公司的利润急剧减少。尽管能源税减少了，但也难以弥补由于进口价格增长导致的损失。

### 8.1.2 智利

#### 8.1.2.1 背景

智利是一个严重依赖化石燃料进口的国家。在过去的30年，智利原油产量占进口原油的百分比从1990年的27%降至2011年的3%[①]。这是国内产量锐减（在过去的20年减少了75%）与鼓励消费（自20世纪90年代增加了超过160%）共同导致的结果，消费的增长也反映了强劲的经济增长态势。

智利的石油市场经历了较长的宽松管制历史。从20世纪20年代直到70年代，政府在智利石油市场中都扮演了主导角色——政府直接参与石油的勘探和生产，并成立了智力国家石油公司（ENAP）。在这一时期，政府通过间接补贴使燃油市场保持了较低的相对价格（O'Ryan等，2003）。在20世纪70年代，作为推动智利经济自由化举措的重要组成部分，政府对燃油市场（包括液化石油气）放松了管制，包括放开石油产品的生产、进口、分销和销售市场。不过，智利国家石油公司仍然保留了专属勘探和炼油权，在石油市场仍然占据重要的地位。2010年，智利国家石油公司供应国内汽油、柴油和煤油需求量的70%左右[②]。

表8-2为2000—2011年智利主要宏观经济指标。

表8-2　2000—2011年智利主要宏观经济指标

| 年份 | 2000 | 2003 | 2008 | 2010 | 2011 |
|---|---|---|---|---|---|
| 人均GDP（现价美元） | 5 174.3 | 4 834.8 | 10 710.7 | 12 570.7 | 14 403.1 |
| GDP增长率（%） | 4.5 | 3.4 | 3 | 6.1 | 5.9 |
| 通货膨胀率（%） | 3.8 | 2.8 | 8.7 | 1.4 | 3.3 |
| 财政余额（占GDP的百分比，%） | −0.7 | −0.4 | 4.1 | −0.4 | 1.3 |
| 公共债务总额（占GDP的百分比，%） | 13.3 | 12.6 | 4.9 | 8.6 | 11.3 |
| 经常账户余额（占GDP的百分比，%） | −1.1 | −1.1 | −3.2 | 1.5 | −1.3 |
| 石油进口额（占GDP的百分比，%） | 2.5 | 2.8 | 4 | 2 | 2.6 |
| 石油出口额（占GDP的百分比，%） | 0 | 0 | 0 | 0 | 0 |
| 人均石油消费量（升） | 577.3 | 514.7 | — | — | — |
| 贫困人口比例（占人口的百分比，%），按每天1.25美元（购买力平价）衡量 | 2.3 | 2 | — | — | — |
| 燃油补贴（占GDP的百分比，%） | 0 | 0 | 0 | 0 | 0 |

资料来源：国际能源署；国际货币基金组织，《世界经济展望》；世界银行，《世界发展指标》。

① 参见：http://bit.ly/GNmVHP。

② 参见：http://bit.ly/TsxzGN。

#### 8.1.2.2 自20世纪90年代初以来的改革

由于认识到要平滑国际石油价格对国内消费者的冲击，智利于20世纪90年代初建立了价格稳定机制。随着海湾战争（1990—1991年）引起的油价飙升，智利建立了石油价格稳定基金（FEPP），初始资金为2亿美元（相当于1991年GDP的0.5%）。在这个机制之下，当局根据中长期原油离岸价格的预期变化设定了一个参考价格，当国际油价变化偏离参考价格的12.5%时，基金便开始运行，作用机制主要是通过全额补贴国际油价和油价上限的差额或者在国际价格低于油价下限时征收60%的税收。油价参考价格临时更新，其背后的计算公式没有公开。对于不同的产品（包括天然气、煤油、柴油和液化石油气）仅设了一个基金，允许对产品进行交叉补贴。

石油价格稳定基金已经较为满意地运行了近10年时间，但是在21世纪初期为了确保财政的可持续性要求实施一些改革（见图8-3）。基金在最初的8年运作良好，然而在20世纪90年代末石油价格急剧上涨，几乎耗尽了基金的资金（2000年1月份账户余额达到5 000万美元），基金运行机制在1999年年末失效（Márquez，2000），急需注入资本以维持其运作。

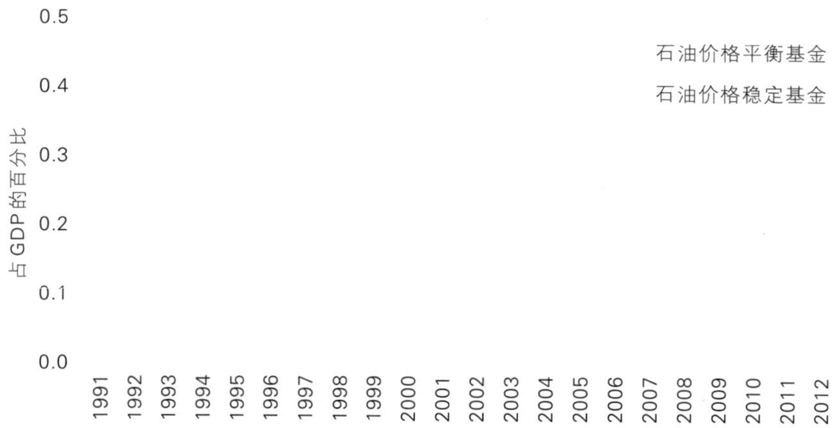


图8-3　1991—2012年智利的石油价格稳定基金余额（占GDP的百分比或比率）

资料来源：智利共和国财政部，http：//bit.ly/Wm0ele。

政府试图通过改进调节机制来改善基金的财务状况，包括建立每周更新的参考价格制度（仍然基于当前价格和中期石油价格的预期变化），对基金引入一个依托资金可用性的明确限制机制，消除机制调整的不对称性（将价格偏离下限的税收率提高至100%），通过公开基准价格的调整公式来提高透明度，对天然气、煤油、柴油、液化石油气引入单独的基金。然而，即使进行了这些调整，在2003年基金的资金几近枯竭。石油价格稳定基金在2000—2005年的财政成本估计是2012年GDP的0.15%（Vagliasindi，2013）[①]。

2005年为应对燃油供应的中断，设立了临时稳定基金。智利引进了燃油价格平衡基金（FEPC）作为一个临时措施，用以应对由于卡特里娜飓风带来的燃油供应中断而引发的价格暴涨。这个机制的运作类似于石油价格稳定基金，但仅允许围绕参考价格有较小的波动（5%），参考基于美国西得克萨斯轻质原油的近期价格和预期中期价格变动加上精炼费用，而非基于每种衍生品的价格（OECD，2013）。该机制最初计划运行1年，但实际延续到了2010年。2006—2009年燃油价格平衡基金的全部财政成本大约是2012年GDP的0.65%（Vagliasindi，2013）。

最近，稳定基金机制被税收调节机制所替代。2011年，智利引进了燃油消费税的消费者保护系统（SIPCO）。与基金不同，这个机制通过消费税调整将国际价格平滑地传递给国内价格。当国际价格超过参考价格10%时就减少消费税，当国际价格低于参考价格时就提高消费税[②]。参考价格基于近期价格和预期中期WTI价格加上各类衍生产品的精炼费用。重要的是，通过采取消费税，大型工业通过税收抵扣可以免于纳税（如采矿业、发电行业）（Larrain，2010）。

#### 8.1.2.3 缓解措施

智利实行了一系列有针对性的社会保障计划用来保护低收入群体免受经济和其他方面的冲击（世界银行，2010）。在2005年，智利对500万个

---

① 参见：http://bit.ly/VN9Jo5。

② 燃油消费税消费者保护系统最初设置的是12.5%的浮动范围，但在2012年9月缩小到10%，参见：http://bit.ly/VRAadr。

低收入家庭进行了补贴以消除燃油价格上涨对其的影响。此外，还对月度用电量低于150千瓦时的160万个家庭进行了补贴。2006年又进一步制定了向低收入家庭进行支付的计划。

#### 8.1.2.4 经验和教训

稳定机制的成本取决于其设计。例如，有证据表明将石油稳定基金的浮动范围由1991—2005年的12.5%收紧到2006—2010年的5%大大增加了成本。此外，最初调节机制的非对称性导致了基金资金的枯竭。这些表明，当我们考虑调节机制的参数时，特别是具体参数时，事实上对这些项目成本的影响是很大的。因此，国家应充分考虑情景模拟，包括参数的敏感度分析，以便确保项目运行的成本与预期一致。

调整机制应该透明化。最初，石油价格稳定机制公式不透明，允许参考价格进行临时调整，这就增加了时间上的不确定性，也无法确定未来燃油价格调整幅度和国际价格对当地价格的冲击程度。这种不确定性与稳定价格的目标不一致。20世纪初的改革表明可以使用透明的规则来实现这些目标。

针对小型消费者来说的稳定调节机制是可行的。智利最近一次改革的最大特点之一是通过实施消费税调整而排除大型能源消费者，消费税的实施能够将采矿行业、电力行业和其他享受抵扣的大型燃油消费者排除在外。这传达了一个明确的信号，这些大型消费者应当能够对冲自己的损失，因此有利于赢得公众对改革的支持。

稳定机制应当仅提供临时的缓冲。在智利，从20世纪70年代起燃油市场就已经开放。因此，这些稳定机制是应对民众抗议燃油价格上涨的结果(如在海湾战争和卡特里娜飓风的背景下)。不过，智利政府将这些机制用做暂时性的支持措施——所有调整方案的目的都是将国际价格上涨最终全部传递到国内价格。需要重点指出的是，智利成功实现了价格调整，同时政府将重要资源投入了针对性强的社会保障体系（世界银行，2010b)。

### 8.1.3 秘鲁

#### 8.1.3.1 背景

秘鲁是石油净进口国，石油进口价格严重依赖于国际价格的变动趋势。柴油是其最主要的化石能源，约占化石能源消费总量的47%，其次是液化石油气，约占化石能源消费总量的19%。纵观历史，化石能源价格一直具有政治敏感性。柴油是公共交通工具消耗的主要化石能源，而大部分家庭生活使用液化石油气。

秘鲁的石油市场由私营的Relapasa公司和国有的秘鲁国家石油公司垄断，它们分别负责炼油和销售。在2004年燃油稳定基金设立之前，当局通过秘鲁国家石油公司对销售价格的管理来控制燃油的价格。由于秘鲁国家石油公司控制了秘鲁燃油市场的较大份额，Relapasa只能以该价格为基准来调整自己的价格，当国际燃油价格高于国内管制下的零售价格时，Relapasa就会面临亏损。

表8-3为2000—2011年秘鲁主要宏观经济指标。

表8-3 2000—2011年秘鲁主要宏观经济指标

| 年份 | 2000 | 2003 | 2008 | 2010 | 2011 |
|---|---|---|---|---|---|
| 人均GDP（现价美元） | 1 334.7 | 2 258.9 | 4 481.5 | 5 290.8 | 6 007.9 |
| GDP增长率（%） | 2.8 | 4 | 9.8 | 8.8 | 6.9 |
| 通货膨胀率（%） | 3.76 | 2.3 | 5.8 | 1.5 | 3.4 |
| 非金融公共部门余额（占GDP的百分比，%） | −3.4 | −1.7 | 2.4 | −0.3 | 1.9 |
| 公共债务总额（占GDP的百分比，%） | — | 46.9 | 25.9 | 23.3 | 21.2 |
| 经常账户余额（占GDP的百分比，%） | −2.9 | −1.5 | −4.2 | −2.5 | −1.9 |
| 石油进口额（占GDP的百分比，%） | 3.1 | 2.3 | 4.1 | 2.6 | 3.2 |
| 石油出口额（占GDP的百分比，%） | 1.1 | 1 | 2.1 | 2 | 2.7 |
| 人均石油消费量（升） | — | 332.5 | 380.2 | 377.2 | 317.8 |
| 贫困人口比例（占人口的百分比，%），按每天1.25美元（购买力平价）衡量 | — | 9.5 | 6.2 | 4.9 | — |

资料来源：国际能源署；国际货币基金组织，《世界经济展望》；世界银行，《世界发展指标》。

#### 8.1.3.2 自2004年以来的改革

价格平滑机制。2004年5月，受全球商品价格上涨的影响，价格平滑机制应运而生。该机制力求通过消费税来平稳国内价格。当国际价格变化超过国内价格范围上限（下限）时，就向下（向上）调整消费税，以保持国内消费价格稳定。然而，限制国际价格向国内价格传递的初次尝试实施效果并不佳，主要原因在于价格上涨造成了较大的收入损失。反过来，由于预期收入减少又会导致财政的流动性短缺。

2004年9月，当局设立了燃油价格稳定基金（FEPC），该基金涉及复杂的支付系统，直接由财政资助。所有类型的汽油和液化石油气都被列入燃油价格稳定基金的价格管制对象。燃油价格稳定基金的目标是防止国际油价对国内油价的完全传递。当国际油价上涨时，通过对炼油厂提供转移支付以补偿他们增加的供应成本。当参考价格高于价格上限时，向炼油厂提供应急贷款（由财政部支付）。同理，如果参考价格低于下限，炼油厂（向财政部）支付或有负债。

燃油价格稳定基金的表现好坏参半。尽管它成功地实现了阻止国际油价对国内油价的传导，但也造成了巨大的财政成本（见图8-4）。后者是石油价格上涨以及当局不愿提高浮动上限的结果，更高的价格加上冻结的浮动范围共同造成了财政资源的流失。另一个问题是累积的或有负债，依据法律，财政部没有义务偿还炼油厂债务，而事实上财政部一有充足的资金就向炼油厂偿付。这就给炼油厂造成了严重的流动性问题，特别在2008年曾多次要求财政部履行其职责。

图8-4　2005—2011年国际油价与秘鲁燃油补贴的财政成本

资料来源：国际货币基金组织工作人员依据秘鲁当局公布的数据估算。

稳定基金。改革燃油价格基金一直是当局努力的目标。直到2008年中期，当燃油价格基金的累计负债达到历史最高值时（相当于赤贫扶助计划的总成本），当局发布了一个关于补贴对收益分配影响的研究。该研究证实了这种缺乏针对性的补贴产生累退的收入效应，最富有的20%的人群获得的补贴是最贫困人群的8倍。该项研究得到了媒体的广泛报道。尽管当局设法在浮动范围内适度提价，但难以在所有利益相关者之间达成共识来推行全面的改革。

2010年由于国际油价的下跌，当局看到了引入改革的机会。当年4月份他们提出了每两个月自动更新价格限制范围的制度，价格变动限制在5%以内，但国内液化石油气除外，最大价格变动在1.5%以内。此外，当局还建立了财政特殊子账户来资助燃油价格稳定基金，以便减少向炼油厂支付的不确定性。在2011年11月，所有类型的高辛烷值汽油（由豪华轿车使用）都被排除在燃油价格稳定基金之外，该类汽油的国际价格变动被允许完全向国内传导。到2012年8月，常规汽油也被排除在外，只保留了家庭消费的柴油和液化石油气（工业消费的液化石油气也被排除在外）。

此次改革在没有引起广泛反对的情况下，成功地减少了财政成本。同时改革并没有触及政治最敏感的产品（柴油和液化石油气），而这些产品的补贴占补贴支出份额最大（80%，见表8-4），因此，总的财政成本节约并不大，大约占GDP的0.1%。

表8-4　2011年秘鲁石油价格稳定基金各种类型产品的支出

| | 金额（百万美元） | 比例（%） |
|---|---|---|
| 总额 | 871.8 | 100 |
| 柴油 | 440.6 | 50.5 |
| 液化石油气 | 261.0 | 29.9 |
| 汽油 | 106.5 | 12.2 |
| 工业石油 | 28.1 | 3.2 |
| 乙醇汽油 | 35.7 | 4.1 |

资料来源：当局政府。

#### 8.1.3.3 缓解措施

由于改革没有减少对穷人消费得最多的产品的补贴，因此没有实施缓解措施。

#### 8.1.3.4 经验和教训

通过调整税收来调控物价对财政管理来说是个挑战。由于燃油被广泛使用，所以即使税收上微小的调整对财政收入的影响都是巨大的。虽然价格平滑机制可以帮助家庭免受高油价的冲击，但是即便有一定的财政空间来适应价格变动，对财政管理也是一种挑战。例如，对燃油价格稳定基金的转移支付给财政部的流动性造成压力并增加了现金管理难度，特别是考虑到秘鲁的财政收入和支出有很强的季节性。由于商品价格波动，依据国际价格调整商品税也会造成预期收入的不确定性。为解决这些问题，要么需要制定更多的自动调节机制，要么需要在经济繁荣时期储备更多的资金。

价格平滑机制应该包括价格调整范围的自动调整。价格平滑机制的核心原则是缓和波动。然而，如果价格呈上涨趋势，那么价格平滑机制必须采取方法去适应。就秘鲁而言，在国际石油价格上涨时保持价格调整范围不变，被证实需要付出高昂的财政代价，这事实上已经把价格平滑机制转化为了纯粹的补贴。

对炼油厂的补贴支付规则应该是明确的。这可以通过一个特殊的子账户实现，理想情况是将补贴统一纳入国库单一账户以确保透明度，有利于明确补贴额度以及对炼油厂的补贴金额标准。

在合适的时机引入补贴改革可以提高成功的几率。在2010年初价格稳定且经济增长强劲的时期引入改革，使改革在政治上更容易被接受。

为确保公众支持，补贴改革最好从高收入群体消耗量最多的产品开始。对秘鲁来说，这意味着改革要从提高高辛烷值汽油的价格开始。尽管事实上这种方法在财政节约的作用上很有限，但这个战略的优点在于可以保证让相关利益者看到改革的影响，以及有更多的时间来为更为广泛的改革赢得支持。这个方法还可以表明改革的方向，为进一步更加雄心勃勃的改革铺平道路。然而，在财政节约和保障对低收入人群各种影响之间存在着权衡取舍，正如秘鲁补贴改革迄今产生的财政节约不大所显示出的那样。

## 8.2 电力补贴

### 8.2.1 巴西

#### 8.2.1.1 背景

20 世纪 80 年代巴西经济以低增长和宏观经济失衡为特点，经济平均增长率为 3%，而平均通货膨胀率高达 272%。扩张性的财政政策导致此阶段财政赤字占 GDP 的 5%，到 1989 年这一数字达到 7%。疲软的财政表现导致净公共债务从 1981 年占 GDP 的 24%增长到 1989 年的近 40%。日益恶化的形势迫使当局不得不改变巴西的进口替代政策并使经济自由化（Giambiagi 和 Moreira，1999）。

电力部门私有化是当局政府改革尝试的一部分，好处主要有以下三点。第一，该部门资产的私有化有望持续带来可观的财政收入，可以清偿联邦政府的账外债务。1993 年，电力公司签订的外债几乎占到巴西外部债务的 25%。第二，出售国有配电企业意味着大部分国家债务将获得支付。第三，联邦政府认为难以独自筹集足够的资本来满足不断增长的设备投资需求。电力投资在 20 世纪 90 年代相较于 10 年前下降了近一半。

其他电力部门自身的因素也促进了私有化的进程。这包括由于承包商的垄断造成的高施工成本，过度雇佣，以及整个系统的高电力损耗。最后，私营配电企业能够建立更好地反映成本的价格结构。

20 世纪 80 年代电力行业的表现不佳为结构调整提供了原动力。许多因素导致了疲软现象，包括定价的监管框架。价格监管框架由总统办公室秘书规划处所决定。价格调整受遏制通货膨胀的期望所影响，与成本变动和确保资本的合理回报率需要无关。这种定价方法导致了电价在扣除物价因素后不断下降，打击了提高生产力的积极性。这导致了相关企业的财政状况不断恶化，不得不依靠增加外债来扩大电力供应。这导致 CRC（Conta de Resultados a Compensar）公司 1993 年的债务累计达260亿美元，当年全部由中央政府买单。假设这是过去5年累计的损失，这意味着对电力部门的补贴平均每年达到1987年GDP的0.7%（见图8-5）。

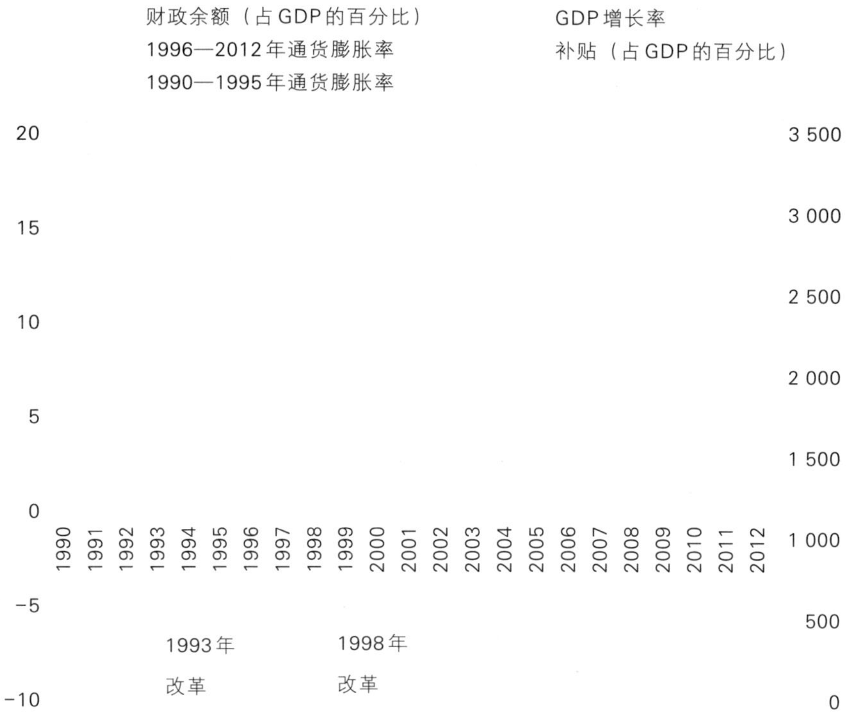


图8-5　1990—2012年巴西宏观经济发展和电力补贴改革（占GDP的百分比或比率）

资料来源：国际货币基金组织工作人员估算；国际货币基金组织《世界经济展望》数据库。

注：燃料补贴的数据由1987—1993年燃料消费账户（CCC账户）的平均累计赤字计算，于1993年由财政部支付；1990—1994年年均通货膨胀率超过了500%。

#### 8.2.1.2　自1993年以来的改革

电力部门改革的总体设计是尽可能地将全部资产私有化。为了消除对私有化的限制，1993年取消了国家统一价和强制执行的10%资本回报率，重大的价格改革也在实施。为了提高电力部门价格体系的透明化，1998

年制定了对电力部门进行分拆的法律。

政府决定从配电公司进行私有化改革入手。这是基于大幅提高生产率的考虑。此外，这些公司的财务问题已经在整个行业形成连锁反应，因为没有偿付能力的配电公司不会付款给发电公司。解决配电公司的财务问题，使配电公司成为信誉良好的买家，对发电部门有积极的影响，同时为资产的私有化铺平道路。

从1993年到2003年，私有化计划实施了10年，结果是伴随大量私有企业的竞争形成了具有竞争性的电力市场。尽管一段时间后，终端用户可以以第三方身份接入电网，且行业处于监督管辖之下，但配电部门是在一系列的垄断许可证下进行私有化改革的。

从财政角度看，1993年的改革在取消补贴方面是成功的。然而部门的私有化并没有强有力的监管框架。这就导致投资环境不确定，一些配电线路在建设中中止。对发电厂的投资不足加上2001年的干旱，几乎造成巴西水力发电水库遭遇枯竭危险。为了避免更大的能源供给危机，政府出台法规迫使发电商对消费者限量供电，并允许配电商提高电价来弥补限量供电造成的损失。这些措施造成GDP骤降和电价的急剧上升，破坏了公众对私有化的支持，最终导致电力部门自由化进程放缓。

即使私有化之后，交叉补贴仍然存在。交叉补贴的目的是支持农村的电气化，为低收入家庭建立有区别的电价。但是由于没有采用统一的方法实施交叉补贴，每个经销商都可以自由选择补贴方式，结果造成补贴混乱而难以保证其针对性。

总体来说，巴西电力市场改革在许多方面是成功的。改革消除了政府对电力部门的补贴，使价格增长去政治化，保护了发电厂的扩张（以2001年为起点），减少了电力企业的外债风险。Mota（2003）评估了电力部门私有化对供应质量和成本的影响，其发现由于成本下降产生的效率收益较大。这些成果归功于人员精简，1994年到2000年电力部门的雇员数量减少了一半。关于私有化对质量的影响方面，在能源供给安全性和可用性上有所改进。

#### 8.2.1.3 缓解措施

交叉补贴。即使电力部门自由化之后，区域性的交叉补贴仍然存在。

区域性燃油补贴。为了补贴向亚马逊这个政治敏感地区低效率火电厂供应的燃油，1993年征收电价税，这一措施保持了较长的一段时间。

基于收入的价格减免。1995年，立法批准了为低收入家庭提供更低的电费。

农村地区免费供电。2003年，政府实施向1 000万农村人口免费供电的计划，该计划由征收的电价税资金支持。

#### 8.2.1.4 经验和教训

纠正宏观经济失衡的需要可以对改革提供政治支持。20世纪80年代巴西经济低增长、高通货膨胀和高外债迫使政治家做出反应，把补贴改革看做应对这些失衡的一种选择。

控制电力价格上涨并将其作为反通货膨胀的工具可能产生不良的财政后果。20世纪80年代这一政策的采用导致了电力行业的经济损失、债务积累和投资不足。

受群众欢迎的政府，其实施改革获得成功的几率更大。当长达10年之久的极度通货膨胀被控制之后，卡多佐总统政府得以利用政治支持推进自由化议程。

有针对性的社保计划可以减少对补贴改革的反对，同时还能帮助到穷人。巴西采取减少低收入群体电价的政策、实行有条件的现金转移支付政策，促进了补贴改革的实施。

在缺乏强有力的监控体制下，电力公司私有化会造成严重后果，并降低公众对能源改革的支持。私有化改革的最初几年，由于规则不明确，导致投资水平较低，引发了2001年的能源危机。

### 8.2.2 墨西哥

#### 8.2.2.1 背景

墨西哥有较为完善的宏观政策框架，但是存在收入分配严重不公平和贫困的困扰。财政和货币政策以财政法规和通货膨胀目标为基础。墨西哥的基尼系数在21世纪末平均达到0.48，这表明其收入不均程度远高于经济合作与发展组织的平均水平。约有46%的墨西哥人口生活在贫困之中，而10%的人口处于极度贫困。表8-5列出了2000—2011年墨西哥的宏观经济指标。

表8-5　2000—2011年墨西哥的宏观经济指标

| 年份 | 2000 | 2003 | 2008 | 2010 | 2011 |
|---|---|---|---|---|---|
| 人均GDP（现价美元） | 6 858.8 | 6 864.7 | 10 050.5 | 9 218.5 | 10 153.3 |
| GDP增长率（%） | 6 | 1.4 | 1.2 | 5.5 | 4 |
| 通货膨胀率（%） | 9.5 | 4.6 | 5.1 | 4.2 | 3.4 |
| 财政余额（占GDP的百分比，%） | −3.1 | −2.3 | −1.1 | −4.3 | −3.4 |
| 公共债务总额（占GDP的百分比，%） | 42.6 | 45.6 | 43.1 | 42.9 | 43.8 |
| 经常账户余额（占GDP的百分比，%） | −2.8 | −1 | −1.4 | −0.3 | −0.8 |
| 石油进口额（占GDP的百分比，%） | 1.1 | 1.2 | 3.3 | 2.9 | 3.7 |
| 石油出口额（占GDP的百分比，%） | 2.4 | 2.7 | 4.6 | 4 | 4.9 |
| 人均石油消费量（升） | 505.6 | 529.9 | 653.8 | 607 | — |

资料来源：国际能源署；国际货币基金组织，《世界经济展望》；世界银行，《世界发展指标》。

电力行业被国有的联邦电力委员会（Comisión Federalde Electricidad，CFE）所垄断。联邦电力委员会是国家主要的电力生产商，占全国发电容量的3/4，垄断了国家的输电和配电职能①。尽管在1992年对电力行业放松管制之后，允许独立的发电企业进入电力市场，但它们只占发电市场的1/4。电力行业中公有制的主导地位是由宪法规定的②，墨西哥能源监管委员会（Comisión Reguladora de la Energia）是电力行业的监管部门。

墨西哥的电价设定低于成本。一项对2005—2006年电价结构的研究表明，对大部分的家庭用户（约40%）和农业部门（约30%）设定的电价都低于成本。对其他部门的补贴较少，但是电价的设定仍然难以支付其成本。这些补贴的利益影响具有高度累退性（Komives等，2009）。财政部和公共信贷部门具有制定价格的权力，价格每月根据发电、传输和配电投入价格的变化比例进行调整，而不是根据实际服务成本。定价系统具有高度复杂性，仅对住宅用户就有超过一百种不同的计费方式。电价分段收

① 2009年之前，配电市场由两家卖方垄断，墨西哥联邦电力委员会和墨西哥中部电力公司（政府所有，为墨西哥城消费者服务）。2009年，政府关闭了中部电力公司以减少政府对其营业损失的直接补贴，并让联邦电力委员会接管了中部电力公司的服务区域。

② 公共电力服务法于1992年修订，并将电力行业对私有部门开放，列举了下列公共服务以外对私有部门开放的领域：自用供电，联产，独立发电，进口，出口和小规模发电。

费，对消费少的用户给予更多的补贴。此外，“夏季补贴”方案为居住在炎热地区的住宅用户提供一定的折扣，以弥补较高的空调费用。

电价补贴造成了巨大的财政负担。2011年电价补贴预计占GDP的0.5%，与10年前的比率接近（见图8–6）[①]。政府没有明确记录补贴。在一个所谓的收益系统之下，联邦电力委员会必须向政府支付9%的固定资产回报率，但政府又通过转移支付的形式将收入返回给联邦电力委员会，以弥补其价格补贴和基础设施投资（OECD，2004）。从2002年起，该系统下的收入便不足以弥补价格补贴的支出，从而削弱了联邦电力委员会的资本基础（Komives等，2009）。

图8–6　1998—2011年墨西哥宏观经济发展和电力补贴改革

资料来源：国际货币基金组织，《世界经济展望》；联邦电力委员会；国际货币基金组织工作人员估算。

---

① 当局预估的补贴成本超过了国际能源署提供的数字——从2007年到2010年补贴约占GDP的0.1%甚至更小。原因在于国际能源署只采取“价差法”估算了消费者补贴，而没有估算总的预算支持，还有对低效率的生产者的补助（生产者补贴）。

#### 8.2.2.2 自1999年以来的改革

对电力部门和补贴改革的尝试都以失败告终。

1999年提出了一个全面的改革，包括市场自由化，但由于法律阻碍、利益团体的反对、缺乏公共意识和政治僵局等原因而失败。1999年，塞迪略总统提出了一揽子全面改革计划，包括对发电、输电和配电的分离，建立批发市场，私有化和加强监管机构的权力。但由于许多原因而以失败告终，这些原因包括：法律障碍，如需要修正宪法以便允许私有部门的广泛参与；强势利益群体的反对，主要消费者和联邦电力委员会的工会反对价格改革和私有化[①]；消费者对电力部门问题的淡薄认识以及公众反对私有化；2000年总统选举期间导致的政治僵局（Carreón-Rodriguez、San Vicente和Rosellón，2003）。

2001年4月由福克斯总统提出的改革开始实施，虽然未强调私有化，但也失败了。总统没能在国会上取得议员的共识将这个提案变成法律。除了塞迪略总统遇到的障碍，福克斯总统还得应对政治格局剧变后的政治分裂问题。特别是连续70年的执政后，革命制度党在2000年总统选举中被打败，政党被迫向工会和联合企业妥协，而早期在革命制度党执政时则是服从于总统政府。反对党提出了各种改革建议，还提请最高法院审视福克斯总统提案的合法性，引起了激烈的争论。

为减少电力补贴，2002年实施了价格改革。具体而言，对用电大户制定了高于长期边际成本的电价。然而改革并没有导致补贴永久性的减少，因为“夏季补贴”方案允许将消费者重新归为高补贴类别。

#### 8.2.2.3 缓解措施

价格结构。居民价格结构的特点是包含一系列广泛的补贴类别。对那些用电量少和居住在较热地区的消费者进行价格补贴，后者被称为“夏季补贴”方案，在夏季根据平均实际温度将消费者分为6类（分界值为25°C、28°C、30°C、31°C、32°C和33°C），消费者生活在越热的地方补贴就越

---

① 根据2002年的民意调查，49%的受访者认识到了电力部门的问题，35%的受访者反对私人投资，而仅有17%支持鼓励私人投资的战略（Carreón-Rodriguez、San Vicente和Rosellón，2003）。

高。在21世纪将更多消费者由较低温度划归为更高温度类别，进一步提高了整体的补贴（Komives等，2009）。

社会保障体系，包括现金转移支付。墨西哥有一个较好的社会安全网项目，叫做复合保（Oportunidades），这一项目并不是补贴改革的内容。复合保是一项针对极端贫困家庭进行的现金转移支付，仅限于上学和家庭成员的医疗检查。2008年约有500万个家庭受益于这个计划。该福利不仅包括直接的现金转移支付和教育资助，还包括能源消费费用的现金补偿。复合保是比燃油和电力补贴更有效、更具针对性的扶贫补贴（当局也承认电力补贴的影响具有高度累退性），而2008年复合保的成本只有全部燃油补贴（包括石油产品和电力的补贴）的1/5。

#### 8.2.2.4 经验和教训

墨西哥电力部门改革的失败表明了改革面临无数的阻碍。长期的价格补贴和具有垄断地位的国有独资企业形成了反对改革的强大利益团体，特别是消费者和工会。政治分裂、宪法授权公共部门运营电力部门及公众对私有化的反对都增加了改革的挑战。消费者补贴类别的广泛性导致总体补贴快速增长，因为消费者被划归为更高的补贴类别。墨西哥的案例也表明，有针对性的社会保障体系和健全的宏观经济政策并不足以保证电力补贴改革获得成功。全面的公共信息宣传活动以及透明的电力补贴账目才是改革成功的首要步骤。

[第9章]

# 对中东欧和独立国家联合体的案例研究[①]

卡特娅·芬克、康妮·科波达尔、尚保平

## 9.1 石油产品补贴

### 9.1.1 土耳其

#### 9.1.1.1 背景

改革之前，土耳其的石油行业是由国有企业纵向一体垄断的。1990年以前，公共经销公司Petrol Ofisi和公共炼油公司TÜPRAŞ都是土耳其国家石油公司（TürkiyePetrolleri Anonim Ortaklığı，TPAO）的子公司，土耳其国家石油公司是石油勘探和生产公司。那时候石油行业由政府专门管理，石油产品的价格主要由政府设定。表9-1列出了2000—2011年土耳其的主要宏观经济指标。

20世纪80年代开始的石油行业改革是土耳其广泛经济层面改革的一部分。改革之前的政治体制严重制约着国家经济活动，突出体现在政府对重要行业企业所有权的控制，如能源、电信、石油化工、铁钢。政府在金融资源分配上通过国有银行发挥着重要作用。然而，经历20世纪70年代

① 独联体指的是独立国家联合体。

后期的重大国际收支危机和1980年的军事政变后，土耳其决定通过大力放开国内市场和国际贸易，将本国经济向市场化制度转变。

表9-1　　2000—2011年土耳其主要宏观经济指标

| 年份 | 2000 | 2003 | 2008 | 2010 | 2011 |
|---|---|---|---|---|---|
| 人均GDP（现价美元） | 4 146.8 | 4 534.9 | 10 272.4 | 10 062.4 | 10 521.8 |
| GDP增长率（%） | 6.8 | 5.3 | 0.7 | 9 | 8.5 |
| 通货膨胀率（%） | 55 | 25.3 | 10.4 | 8.6 | 6.5 |
| 财政余额（占GDP的百分比，%） | 0 | −10 | −2.4 | −2.7 | −0.3 |
| 公共债务总额（占GDP的百分比，%） | 51.6 | 67.7 | 40 | 42.2 | 39.4 |
| 经常账户余额（占GDP的百分比，%） | −3.7 | −2.5 | −5.7 | −6.3 | −9.9 |
| 石油进口额（占GDP的百分比，%） | 3.6 | 3.8 | 6.6 | 5.2 | 7 |
| 石油出口额（占GDP的百分比，%） | 0.1 | 0.3 | 1 | 0.6 | 0.6 |
| 人均石油消费量（升） | 254.7 | 246 | 310.1 | 304.6 | — |
| 贫困人口比例（占人口的百分比，%），按每天1.25美元（购买力平价）衡量 | 0 | 2.5 | 0 | — | — |
| 燃油补贴（占GDP的百分比，%） | 0 | 0 | 0 | 0 | 0 |

资料来源：国际能源署；国际货币基金组织，《世界经济展望》；世界银行，《世界发展指标》。

#### 9.1.1.2　自1989年以来的改革

石油部门的改革旨在实现多个目标：

改善政府的财政状况。改革最终将取消石油补贴，包括消费者补贴和生产者补贴。

减少石油行业的低效率。私有部门参与将会发生竞争，提高效率，限制行业中的垄断势力。

达到土耳其作为欧盟成员的先决条件。曾在经济危机期间援助土耳其的多个国际组织亦敦促其进行石油部门改革。

土耳其发起了一系列的改革，其特点是迈向完全的价格自由化、国有企业私有化和能源市场竞争化的漫长过程。

根据1989年通过的新法律，私有公司被允许设定价格，1990年国有公司开始私有化。根据1989年的法律，进口商、炼油公司、分销公司和零售商都允许自行设定原油价格和石油产品价格。1990年开始国有炼油厂和分销公司私有化，并于2005年全面完成。然而，当时没有实现价格的自由化，原因是政府仍然控制着国有企业，而国有企业垄断着石油产品市场，并实际上设定石油产品价格，虽然法律通过了价格自由化制度。改革是在祖国党执政时期实施的，这个右翼民主党派支持对政府在经济运行中的角色进行限制，同时该党派支持私有资本和企业私有化。

1998年，政府引进了自动定价机制，根据国际石油价格和汇率设定几乎所有石油产品价格的上限。原则上如果价格没有超过上限，则炼油公司和进口商可以自由设定价格。但仍然有进口许可证和存储容量许可证要求，这些许可证造成了较大的市场进入壁垒。实际上分销公司和零售商不可以自由设定价格，相反价格由国有炼油公司TÜPRAŞ设定，该公司从自动定价机制中受益并赚取了利润。在实行自动定价机制前，由于政府设定的石油产品价格较低，TÜPRAŞ经常遭受损失。自动定价机制改革受祖国党监管，该政党的民众支持率却日益下降。

2003年石油产品市场监管权力转移到一个独立的机构。2003年通过《石油市场法》，该法案的目的是实现市场经济制度化，同时符合欧盟法律及其他国际义务。该法律把石油市场的监管权从能源和自然资源部转移到了能源市场监管局（当时监管电力市场的一个独立机构）。根据《石油市场法》，要求政府放松通过许可证和进口限制手段控制石油产品价格的做法。该项法律加快了国有企业的私有化进程，并于2005年完成私有化。

《石油市场法》最重要的影响是全面放开燃油价格，于2005年生效（见图9-1）。从此燃油价格由市场决定。由于零售价中含有较高的消费税（见图9-2），土耳其现在的汽油和柴油价格在经济合作与发展组织国家中处于最高行列（IEA，2010）。

图9-1 1990—2011年土耳其宏观经济发展和能源补贴改革

资料来源：国际能源署；国际货币基金组织工作人员估算；国际货币基金组织《世界经济展望》数据库。

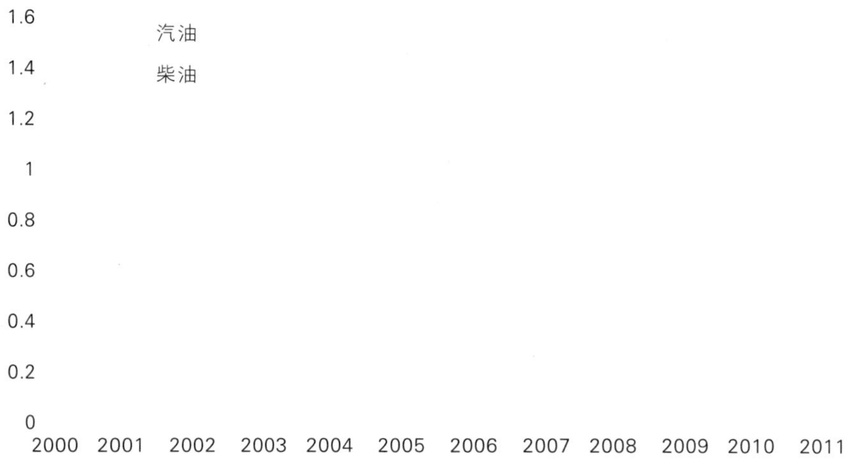


图9-2 2000—2011年土耳其汽油和柴油税负（美元/升）

资料来源：国际货币基金组织工作人员估算。

注：为年末价格。

2003—2005年实施的改革处于正义与发展党执政期间。正义与发展党是右翼保守党，2002年以压倒性的优势开始执政，从此在议会中保持了大多数的席位。

#### 9.1.1.3　缓解措施

除了现有的社会保障体系，采取了多种有针对性的措施来缓解改革的影响。

对液化石油气免税。1999—2001年，政府通过放弃增值税和特别消费税来支持家庭烹饪使用液化石油气，这些免税政策使得液化石油气价格低于汽油和柴油的价格。因为常规的汽车发动机不能使用液化石油气，政府预计汽车使用液化石油气仍然有限。然而地下产业很快开发出能够兼容液化石油气的汽油和柴油发动机。由于投资回报期不到两年，对司机而言把他们的汽车发动机转换成使用液化石油气的做法简单且便宜。由于意识到该举措造成税收流失，政府在2000年开始逐步停止该项税收支出。但对液化石油气免税的举措导致液化石油气消费显著增加。

对公共交通免税。根据土耳其2006年通过的新企业税法，由市政府、乡村或特殊省级行政管理机构所有和管理的公共交通公司免交增值税和消费税。

对农用柴油实行退税。在土耳其，柴油的税率很高，因而对农民的实际收入影响很大。退税政策是由农业部在2007年推出的，其目的是鼓励农民种植特定的农作物。农业部确定了3种不同类型的农作物补贴标准。补贴金额根据种植特定农作物的土地面积来确定，依据内阁制定的日程来支付，对于如何花费这些资金没有限制。这项措施将逐步退出。

#### 9.1.1.4　经验和教训

对市场化改革的广泛支持和坚定承诺是土耳其补贴改革成功的关键。在20世纪80年代末和90年代初土耳其开始了更开放的能源定价制度改革，被不同时期的执政党延续。在为加入欧盟而进行的对经济层面广泛改革的助力下，能源部门的改革获得了广泛支持，几乎没有阻碍。正因为如此，政府只采取了非常有限的缓解措施，政府的声望对能源改革的成功并没有产生大的影响。

改善的经济状况促进了改革。在过去的20年，土耳其的经济增长稳定，通胀水平大幅降低，整体财政收益也得到改善。由于家庭收入较高，能源改革对家庭福利的短期影响有限。这使公众相信国家朝着正确的方向前进，防止了任何阻碍改革的现象发生。

独立的能源政策机构有助于引导技术决策不受政治影响。根据石油市场法，能源市场监管局作为独立的机构，对法律的实施和石油行业的监管负有责任。这从政治家手中夺回了对定价和市场监管的技术性决策权，保证了改革的稳定性和一致性。

## 9.2 电力补贴

### 9.2.1 亚美尼亚

#### 9.2.1.1 背景

20世纪90年代初，亚美尼亚开始向市场经济过渡，而此时电力行业财务疲软。电力行业受垂直一体化垄断的电力公司控制，零售环节具有高补贴的特点。电力行业严重依赖从其他独联体国家进口燃油。苏联的解体和与邻国阿塞拜疆的冲突导致了石油供应的严重中断。1990—1995年，发电量下降了近50%，造成长期的电力短缺。表9-2列出了2000—2011年亚美尼亚主要宏观经济指标。

表9-2 2000—2011年亚美尼亚宏观经济指标

| 年份 | 2000 | 2003 | 2008 | 2010 | 2011 |
|---|---|---|---|---|---|
| 人均名义GDP（现价美元） | 593.5 | 874.1 | 3 605.9 | 2 840.4 | 3 032.8 |
| GDP实际增长率（%） | 5.9 | 14.1 | 6.9 | 2.1 | 4.4 |
| 通货膨胀率（%） | −0.8 | 4.7 | 9 | 7.3 | 7.7 |
| 财政余额（占GDP的百分比，%） | −6.3 | −1.5 | −1.8 | −4.9 | −2.7 |
| 公共债务总额（占GDP的百分比，%） | 48.9 | 32.9 | 14.6 | 33.3 | 35.1 |
| 经常账户余额（占GDP的百分比，%） | −14.6 | −6.8 | −11.8 | −14.7 | −12.3 |
| 石油进口额（占GDP的百分比，%） | 0.1 | 0.1 | 0.4 | 0.3 | 0.3 |
| 石油出口额（占GDP的百分比，%） | 0 | 0 | 0 | 0 | 0 |
| 人均石油消费量（升） | 133.7 | 139.3 | 159.5 | 127.6 | — |
| 贫困人口比例（占人口的百分比，%），按每天1.25美元（购买力平价）衡量 | — | 10.6 | 1.3 | — | — |

资料来源：国际能源署；国际货币基金组织，《世界经济展望》；世界银行，《世界发展指标》。

财政和准财政补贴金额是巨大的，且不可持续。向市场经济过渡后，发电能源由石油转换为水能。尽管后者是更廉价的发电能源，但电力补贴仍然很大，大约相当于1995年GDP的11%。其中有各种形式的补贴：

源于低零售价格的隐性价格补贴。设定的价格水平难以抵销运营成本和资本折旧。由于预算中没有进行转移支付来覆盖这些成本，电力公司只能通过向银行不断举债的方式筹集资金。家庭的电价包含来自其他用户（公司和公共部门）的交叉补贴，成为最大的电费欠款人之一。

偷电和低收缴率。这些可以被看做补贴，因为偷电和低收缴率降低了消费者支付价格。据估计1996年约有40%的电费无法收回，最大的欠款者包括供水和供热的其他国有公共事业公司。

明确的预算支持。虽然亚美尼亚没有对电力部门进行直接补贴，但国家通过从预算中直接贷款的形式来大力支持电力部门，例如1996年的贷款相当于GDP的0.2%。另外，该行业享受贷款担保。漏税是另一种形式的支持，相当于1996年GDP的1.5%。

#### 9.2.1.2　20世纪90年代中期以来的改革

1995—1999年电价大幅上涨接近成本回收水平，这有效消除了大量的补贴。1995—1999年居民电价增长超过一倍，达到25德拉姆/千瓦时，接近成本回收水平（见图9-3），与非居民用户电价水平一致，大大减少了交叉补贴。尽管从1999年以来很长一段时间电价没有变化，但电力部门改革带来的效率提高已经减轻了该行业的财政负担。2009年，电力零售价格随着俄罗斯天然气供应价格的上升提高了20%。

电价水平和结构变化是改革的核心。1999年电价结构随着生命线电价的取消而变化。虽然原则上意味着通过对低消费收取低电价来保护低收入家庭，但生命线电价容易被滥用，特别是居民和抄表员相勾结拖延报告冬季的高电量消费。继更能针对穷人的社会保障体系大变革之后，一年前给低收入消费者、电力公司雇员和军事人员的优惠电价被取消。电价改革减少了电力部门赤字，使赤字水平从1994年占GDP的21%到2000年降到不足GDP的3%（见图9-4）。

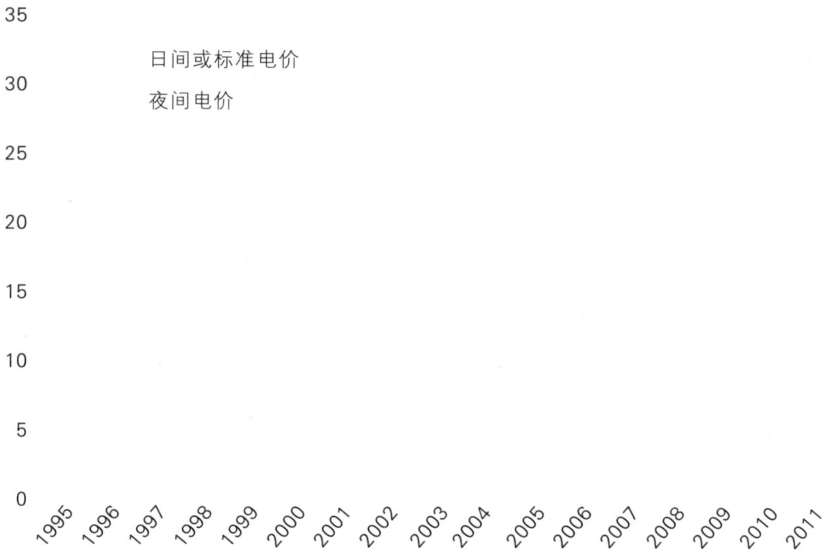


图9-3 1995—2011年亚美尼亚居民电力价格（亚美尼亚德拉姆/千瓦时）

资料来源：亚美尼亚当局。

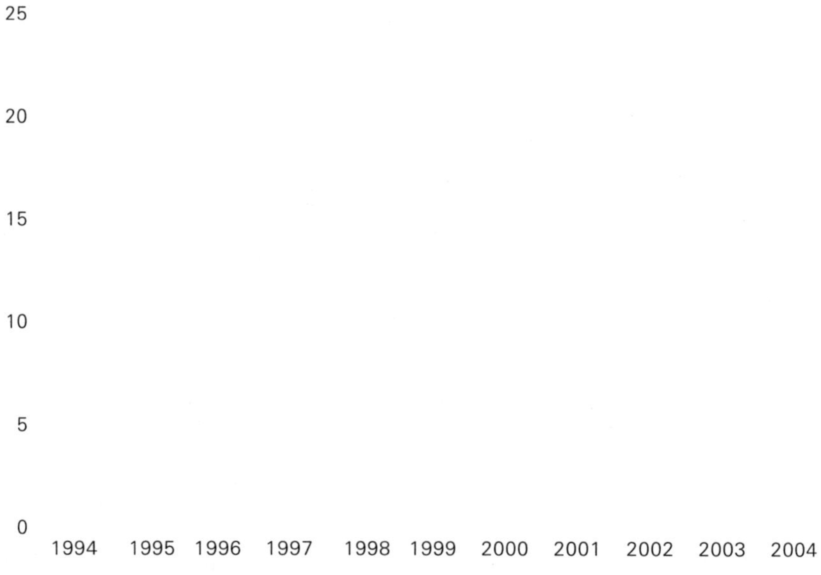


图9-4 1994—2004年亚美尼亚电力部门财政赤字（占GDP的百分比）

资料来源：Sargsyan、Balabanyan和Hankinson （2006）。

努力提高收款率也可以降低电力公司的商业损失。智能电表也从居民住房转移到公共走廊以防止误报和篡改（Velody、Cain和Philips，2003）。也不再允许抄表员收取现金，以便减少腐败风险。电费账单开始通过银行和邮局收取，严格执行的断电政策也使收款率有所改善。

公共宣传活动有助于动员人们对加强电费征收的支持。当局强调账单支付有助于解决经常停电以及限量供电问题（Velody、Cain和Philips，2003）。收款率的增长很可观，由1996年的40%增长为到2003年近乎100%，虽然收款率在1999年由于电价大幅上涨而出现了暂时下降（见图9-5）。

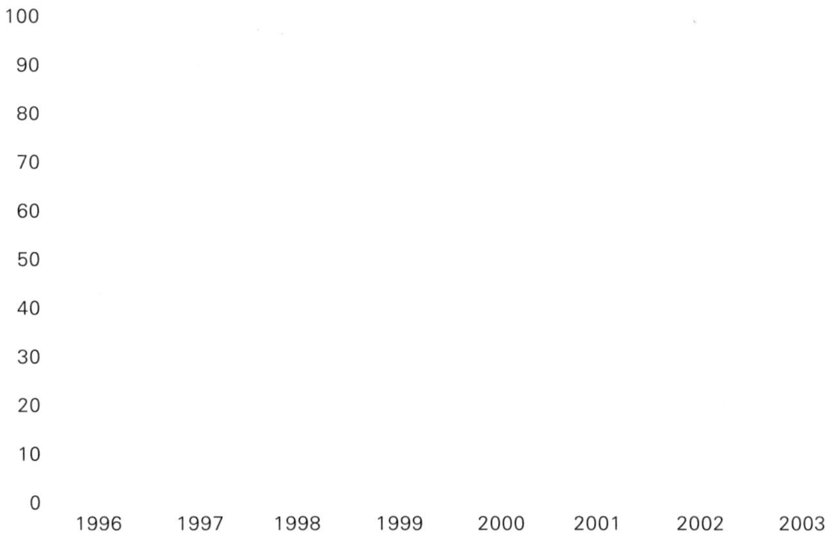


图9-5　1996—2003年亚美尼亚电费征收率（%）

资料来源：Nixson和Walters（2005）。

制度改革对价格改革形成了补充，同时为私有部门的参与铺平了道路。私有部门的参与带来了效率的提高，同时系统损失占总供给的比例也从1999年的30%降到2010年的10%。1997年当局还建立了独立监管机构，授权其设定和审查电价，并监管该行业。法律赋予监管机构权力以确保价格完全弥补中期成本，包括折旧、债务服务和其他资本成本。

强烈的政治意愿和外部援助支持了补贴改革。根据Sargsyan、Balabanyan和Hankinson（2006）的研究，政治意愿是电价改革的最初动力，也对私有化改革至关重要。尽管配电系统私有化最初是失败的，但当局从他们早期挫折中吸取了经验并坚持改革，同时还解决了法律和监管框架中的不足。此外，电价上涨先于私有化，表明了政府的改革决心。同样重要的是，事实上政府在私有化之后一直坚持改革，尤其对断电政策的严格执行，即使一些公共组织和部门因此受到影响。最后，国际货币基金组织、世界银行、美国国际开发署等援助者主要通过有条件贷款和技术援助的方式对改革提供了重要帮助。

**9.2.1.3　改革的影响**

电力行业的改革有助于财政的调整。财政赤字大幅下降，从1994年的占GDP 16.5%下降到1995年的占GDP 9%，直至2000年的占GDP6.3%（见图9-6）。

图9-6　1993—2011年亚美尼亚宏观经济发展和电力补贴改革

资料来源：国际能源署；Sargsyan、Balabanyan和Hankinson（2006）；世界银行，《世界发展指标》。

电价上涨对通货膨胀的影响在稳定的宏观经济下得到缓解。改革前期（1993年到1994年）财政的特点是极高的赤字，由中央银行提供融资，最终恶性通货膨胀接踵而至。成功地稳定宏观经济使通货膨胀从1994年的5000%回落到1998年的个位数，反映了紧缩的货币政策和大幅的财政整顿。

健全的宏观经济政策和结构改革能有效促进增长，1995—1999年平均增长率为5.5%。很难厘清是补贴改革、其他宏观经济政策还是结构改革对经济增长产生了影响，但可能是电力部门改革通过改善电力的可靠性和增加电力生产促进了经济增长。

#### 9.2.1.4　缓解措施

鉴于穷人电力消费支出的比重较高，因此补偿措施是必要的。1999—2000年家庭调查显示贫困家庭电力支出占家庭支出的比重几乎是非贫困家庭的两倍（见表9-3），这种情况在城市贫困人群中尤其突出。制定的措施如下：

表9-3　亚美尼亚电力在家庭总支出中的比重（%）

| | 农村 | 城镇 |
|---|---|---|
| 贫困家庭 | 13 | 16 |
| 非贫困家庭 | 7 | 9 |

社会保障体系。价格改革恰逢社会保障体系的大变革，以引进现金转移支付制度“贫困家庭津贴”（The Poverty Family Benefit）计划为标志。1999年，现金转移支付制度取代了儿童和家庭津贴，“贫困家庭津贴”计划与之前的社会保障制度不同，它对申请补助者的经济情况进行了调查。该制度不是专门用以抵销高电价的影响，但却有助于受益人在面对高电价时仍旧能够保持实际消费水平。然而该措施的设计还有助于提高收款率和改善能源效率，因为如果家庭过度消费或没有支付电费，其津贴就会被取消。“贫困家庭津贴”计划被认为是一个针对性较强的制度，最初覆盖了

25%的家庭，但由于审查标准变严，到2010年覆盖面逐渐减少到18%。这使得2006年间实际平均支付增长40%的同时，该计划的成本得以保持在GDP的1%左右。

现金转移支付。另外，1999—2000年向低收入家庭提供了两次一次性的现金转移支付，以帮助他们应对更高的电价。受益人包括“贫困家庭津贴”计划中符合条件的家庭和其他被认为无法支付电费账单的家庭。

双费率智能电表。1999年政府开始实施一个小规模计划来为低收入家庭提供双费率智能电表。双费率智能电表的使用使得家庭能够享受夜间优惠电价，减少了电力供应商在高峰时段使用高成本发电机组的需要。

#### 9.2.1.5 经验和教训

强烈的政治意愿对改革成功很重要。当局政府一直致力于私有化，并采取了政治代价高昂的价格改革。虽然援助者发挥了一定作用，但如果当局政府不完全致力于改革，援助者即使尽最大的努力也是无效的（Sargsyan、Balabanyan和Hankinson，2006）。

限制政府干涉定价的良好的监管环境可以促进改革。当局制定了鼓励私有部门参与的法律框架，并创建了独立的监管委员会来制定价格。

提高收款率的措施是必要的，严格执行断电政策和收款机制（如通过银行账户），通过减少消费者和抄表员相互勾结的风险增加回收率。

有效的公共宣传活动，强调电费支付与更可靠服务的关联，有助于为改革赢得更多支持。

对穷人实施缓交措施有助于巩固对改革的支持。在家庭经济状况调研基础上实施的现金转移支付计划提高了社会保障体系的针对性。此外，两次一次性现金支付和为低收入家庭提供的双费率智能电表缓解了电价上涨对穷人的影响，从而促进了公众对改革的接受度。在亚美尼亚，社会保障体系与能源行业的同步改革发挥了协同作用。

### 9.2.2 土耳其

#### 9.2.2.1 背景

土耳其电力部门在改革前被国有纵向一体化公司垄断。土耳其电力局

（TEK）控制着发电、输电和配电，后来被重组为两个独立的国有公司——土耳其电力传输发电公司（TEAS）和土耳其配电公司（TEDAS）。

作为以市场为导向的广泛经济改革的一部分，电力行业的改革开始于20世纪80年代。改革之前的政治制度特点是国家高度参与经济活动，突出体现在重要行业政府对企业所有权的控制，如能源、电信、石油化工、钢铁。国家通过国有银行在金融资源分配上起到关键作用。然而，经历20世纪70年代后期的重大国际收支危机和1980年的军事政变后，土耳其决定通过大力放开国内市场和国际贸易，使本国经济向市场化制度转变。

#### 9.2.2.2　自1984年以来的改革

电力部门的改革旨在实现多个目标：

更好地满足日益增长的电力需求和改善政府财政状况。改革将最终取消对消费者和生产者的电力补贴。另外，很明显政府也没有足够的财政能力来资助电力建设扩张以满足未来电力需求。

减少石油行业的低效率。私有部门参与将会引发竞争，提高效率，限制行业中的垄断势力。

达到土耳其作为欧盟成员的先决条件。曾在经济危机期间援助土耳其的多个国际组织亦敦促其进行石油部门改革。

土耳其已经采取了一系列措施进行电力改革，其目标是引进投资、鼓励竞争、提高效率。第一部鼓励私有部门参与（电力行业）的法律于1984年开始生效，1993年土耳其电力部门对私企放开。然而，由于公共部门仍旧保持垄断，私有化进程缓慢。1994年私有化的一次重要尝试即出售国企所有权被宪法法院驳回，私有化在1999年宪法修正案颁布后才得以继续。为了吸引私有部门的参与，设计了多种投资机制，如建设-经营-转让、建设-经营和转让经营权合同。然而这些机制并没有促进土耳其电力市场的竞争，因为这些合同将电力公司绑定在预设了价格的长期包销协议中，而没有提供足够的效率激励（Atiyas和Dutz，2012）。

20世纪90年代末，迅速恶化的财政态势带来了采取更加雄心勃勃的私有化计划的压力，包括电力部门。2001年，土耳其通过制定电力市场法开始了全面的电力改革计划，其目标是建立一个竞争性的电力市场，从而增加私人投资，提高效率，最终增强土耳其的能源安全，同时满足快速增长的电力需求。国有企业被进一步拆分为不同的商业活动，包括发电、输电、配电、批发和零售供应。2006年引入电力批发市场以刺激竞争和提高效率。

2002—2007年，电力需求上升时，电价仍旧保持不变。尽管电力部门进行了重组，投入成本大幅增长，但电价在2002—2007年保持不变。成本和价格的脱节导致只有有限的资金可用于维护现有基础设施和增加新投资。另外，低电价导致这一时期电量需求快速上涨。

为了解决这些问题，政府于2008年逐渐开始对电力部门实施成本全额回收，1月份电价比前几年固定电价提高了20%，3月份政府批准了以成本为基础的定价机制，该机制能够按季度自动调节电价以弥补供给成本的变化。新的定价机制在2008年7月份开始生效，到2009年年底导致多次价格上涨（见图9-7）。虽然电价在这段时期上涨超过了50%，但对居民福利的影响是有限的，因为电力消费占家庭总预算的份额较小。

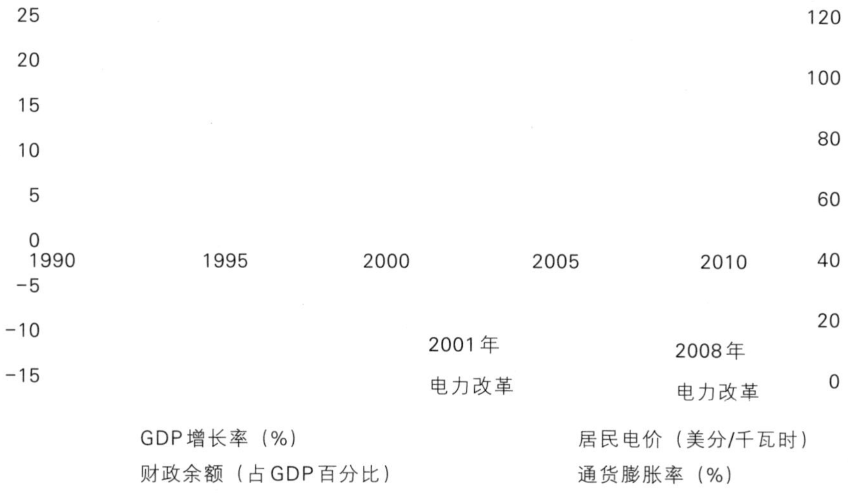


图9-7　1990—2010年土耳其宏观经济发展和能源补贴改革

资料来源：国际货币基金组织，《世界经济展望》数据库；国际能源署；国际货币基金组织工作人员估算。

#### 9.2.2.3　缓解措施

土耳其没有实施专门的改革缓解措施，而主要依靠社会保障体系来解决电力补贴改革对穷人的不利影响。

#### 9.2.2.4　经验和教训

对市场化广泛的支持和坚定的决心是推进土耳其电力改革进展的关键。土耳其电力改革开始于20世纪80年代，尽管受到一些阻碍但取得了很大的进展。

改善经济状况也有助于推进改革。经济的增长和生活水平的提高使公众深信国家正朝着正确的方向发展，并有助于推动改革。

独立的能源政策机构有助于引导技术性决策免于政治干扰。根据电力市场法，由电力市场监管局（EMRA）这个负责石油部门的独立机构来同时负责电力市场法的实施和监管。

## 9.3　煤炭资源补贴改革

### 9.3.1　波兰

#### 9.3.1.1　背景

在转型前，煤矿属于国有并给公共财政造成了很大的负担。煤矿是波兰最大的行业和雇主之一，其特点是产能过剩和过度雇佣，加上管制价格共同导致了经营赤字。特别是在转型前，对煤炭开采业的重视程度，使煤炭部门及其雇员在经济上和政治上成为强大的游说团体。这还反映在给予煤炭部门员工的特权上，包括免费的煤炭。虽然在中央计划经济时期，没有确凿的证据证明发生了维持煤炭开采部门的财政成本，但过渡初期的数据显示该部门经营赤字和债务积累问题严重。表9-4列出了1990—2011年波兰主要宏观经济指标。

表 9-4　　1990—2011年波兰主要宏观经济指标

| 年份 | 1990 | 1992 | 1994 | 1996 | 1998 | 2000 | 2003 | 2008 | 2010 | 2011 |
|---|---|---|---|---|---|---|---|---|---|---|
| 人均GDP（现价美元） | 1 544.0 | 3 149.1 | 6 105.4 | 4 056.0 | 4 494.3 | 4 477.7 | 5 678.3 | 13 876.3 | 12 285.7 | 13 539.8 |
| GDP增长率（%） | −7.2 | 2.0 | 5.2 | 6.2 | 5.0 | 4.3 | 3.9 | 5.1 | 3.9 | 4.3 |
| 通货膨胀率（%） | 585.8 | 43.0 | 32.2 | 19.9 | 11.8 | 10.1 | 0.8 | 4.2 | 2.5 | 4.3 |
| 财政余额（占GDP的百分比，%）（2001版政府财政手册） | — | — | — | −4.9 | −4.3 | −3.0 | −6.2 | −3.7 | −7.8 | −5.2 |
| 财政余额（占GDP的百分比，%）（1986版政府财政手册） | 0.0 | −6.7 | −2.9 | −3.1 | −2.5 | −3.3 | −5.6 | −3.1 | — | — |
| 公共债务总额（占GDP的百分比，%）（2001版政府财政手册） | — | — | — | 43.4 | 38.9 | 36.8 | 47.1 | 47.1 | 54.9 | 55.4 |
| 公共债务总额（占GDP的百分比，%）（1986版政府财政手册） | 90.1 | 82.4 | 64.6 | 42.4 | 36.7 | 37.7 | 48.4 | 47.0 | — | — |
| 经常账户余额（占GDP的百分比，%） | 1.9 | 1.0 | 5.3 | −2.1 | −4.0 | −6.0 | −2.5 | −6.6 | −4.7 | −4.3 |
| 石油进口额（占GDP的百分比，%） | 2.6 | 2.5 | 1.2 | 1.7 | 1.1 | 2.4 | 2.0 | 3.6 | 3.5 | 4.4 |
| 石油出口额（占GDP的百分比，%） | — | — | — | — | — | — | — | — | — | — |
| 人均石油消费量（升） | — | — | — | — | — | 407.6 | 401.5 | 530.0 | 470.7 | — |
| 煤炭产量（相当于百万吨石油） | 94.5 | 89.2 | 89.3 | 94.5 | 79.6 | 71.3 | 71.4 | 60.5 | 55.5 | 56.6 |
| 煤炭消费量（相当于百万吨石油） | 80.2 | 73.0 | 72.3 | 73.2 | 63.8 | 57.6 | 57.7 | 56.0 | 56.4 | 59.8 |
| 煤炭价格（西北欧市场以美元计价的） | 43.5 | 38.5 | 37.2 | 41.3 | 32.0 | 36.0 | 43.6 | 147.7 | 92.5 | 121.5 |
| 贫困人口比例（占人口的百分比，%），按每天1.25美元（购买力平价）衡量 | — | 0.0 | — | 1.4 | 0.1 | 0.1 | — | 0.1 | — | — |

资料来源：BP（2012）；国际货币基金组织，《世界经济展望》数据库。

#### 9.3.1.2　自1990年以来的改革

20世纪90年代，作为经济转型的一部分，波兰开始变革其大型、低效的煤炭产业。政府制定了该部门改革的几个目标：一是关闭不盈利的矿山；二是降低雇佣水平以提高劳动生产率；三是消除行业产能过剩；四是提高采矿行业盈利水平，旨在最终实行采矿企业私有化。1990—1998年的第一次重组，煤炭企业转化为国有企业，国有企业整合为7个煤炭公司。

然而，早期的这些改革尝试对于减少产能、就业和财政压力的效果有限，这与改革议程的实施不完全以及工会反对减薪和裁员有关。更确切地说，煤炭市场仅是逐步放开的——到2000年中期允许价格增长到国际水平（见图9-8），限制那些在自由市场条件下可以运作的煤矿的收入增长。此外，政府没有足够的资源资助煤矿关闭和社会保障计划。结果在1990—1998年该部门的债务水平几乎翻了3倍，达到56亿美元（超过GDP的3%），尽管有政府和地方当局对其大量的转移支付。

图9-8　1990—2002年波兰煤炭价格与选定的国际市场价格

资料来源：Blaschke和Lorenz（2004）；BP（2012）。

开始于1998年的硬煤改革促进了波兰煤炭行业的有效重组。1998—2002年硬煤改革随着GDP增长呈下降趋势，同时财政赤字增加（见图9-9）遇到了前所未有的不利经济环境，后来提出了辅助措施——为社会保障机制提供额外资金，同时承诺一笔勾销煤矿过去多年积累的债务。根据这些措施，21个不盈利煤矿被关闭，约10万工人下岗（见表9-5），约70%的煤矿开采业的负债被一笔勾销，这导致2003年财政赤字激增。就业和产能的大幅减少降低了生产成本（见图9-10），债务的减少给予该行业必要的财政自由。结果，该行业于2003年开始盈利，2009年进行第一次私有化。随着政府采取更果断的行动，包括与工会更紧密的合作，以及欧洲开发银行和世界银行对项目的支持，波兰煤矿行业迅速商业化。如今波兰煤矿行业由31个煤矿组成，分为7个合资控股公司，并由3个国有企业控股。

图9-9 1987—2010年波兰宏观经济发展与煤炭部门改革（占GDP的百分比或百分比）

资料来源：BP（2012）；国际货币基金组织，《世界经济展望》。

表9-5　　1990—2006年波兰煤炭开采业相关指标

| 年份 | 1990 | 1992 | 1994 | 1996 | 1998 | 2000 | 2002 | 2004 | 2006 |
|---|---|---|---|---|---|---|---|---|---|
| 作业矿山数（个） | 70 | 69 | 63 | 58 | 54 | 41 | 41 | 36 | 33 |
| 生产水平（百万吨） | 147 | 132 | 133 | 136 | 116 | 102 | 102 | 99 | 94 |
| 职工人数（千人） | 388 | 336 | 292 | 259 | 208 | 155 | 141 | 127 | 119 |
| 产能（百万吨/人） | 380 | 392 | 454 | 526 | 558 | 659 | 725 | 780 | 790 |
| 煤炭平均价格（百万吨/美元） | 37 | 45 | 52 | 45 | 41 | 38 | 38 | 53 | 57 |
| 煤炭平均生产成本（百万美元） | 54 | 53 | 51 | 48 | 49 | 37 | 37 | 44 | 55 |
| 收入（百万美元） | 8 848 | 6 347 | 6 722 | 6 933 | 6 148 | 5 619 | 5 477 | 6 473 | 6 222 |
| 生产成本 | 8 104 | 7 237 | 7 233 | 7 731 | 7 760 | 6 107 | 5 634 | 5 568 | 6 025 |
| 经营利润 | 744 | −890 | 40 | −798 | −1 612 | −488 | −157 | 850 | 235 |
| 净利润 | −121 | −1 497 | −128 | −777 | −1 445 | −504 | −162 | 734 | 126 |
| 债务 | 1 879 | 3 558 | 4 490 | 4 293 | 5 585 | 6 232 | 6 066 | 2 335 | 2 130 |
| 从政府和地方当局获得的付款 | 610 | 1 036 | 1 872 | 1 103 | 1 118 | 752 | 693 | 595 | 493 |

资料来源：Suwala（2010）。

#### 9.3.1.3　缓解措施

1998年的改革方案受社会保障计划和劳动力市场计划支持。

社会保障计划。社会保障计划为被解雇的工人在转换到退休或新工作期间提供福利。根据1998年到2002年的社会保障计划，超过53 000位工人离开煤矿，其中33 000工人得到了某种形式的帮助。

劳动力市场计划。劳动力市场计划试图在经济中重新安置工人，特别是年轻的煤矿工人。其包括为新建立的就业中介机构提供开办商业和服务的软贷款，可以提供培训和其他的支持来缓解向其他部门的就业转移。

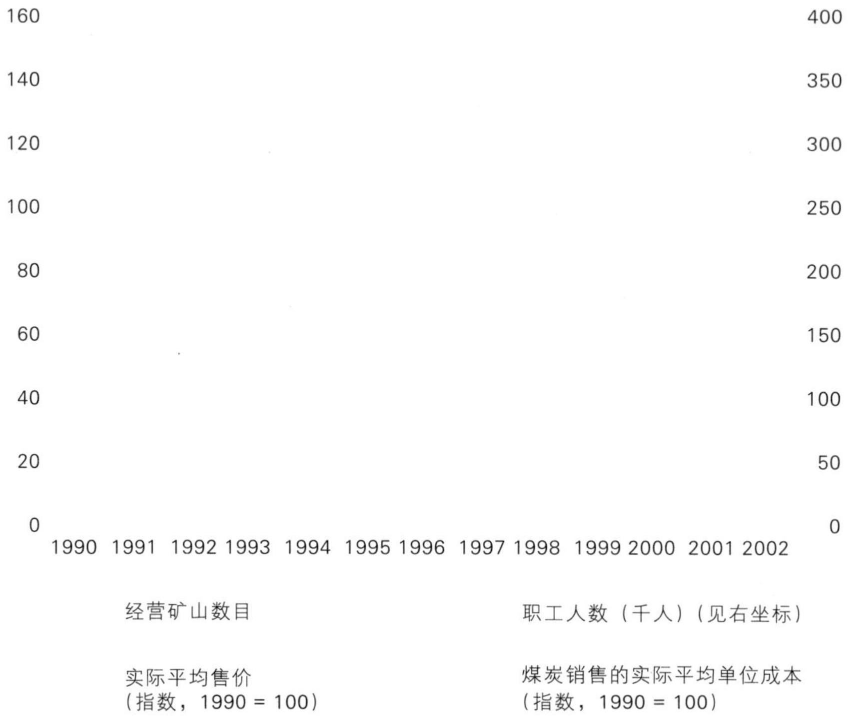


图9-10　1990—2002年波兰煤炭行业改革指标

资料来源：Blaschke和Lorenz（2004）；BP（2012）。

### 9.3.1.4　经验和教训

改革不仅需要政治决心，还需要财政支持。缺乏其中一个条件或者两个条件都缺失，将会导致改革被无限期延长，甚至耗竭财政资源。当波兰首次尝试改革煤炭开采行业时，由于政府没有充分显示出实施改革的决心，也没有提供足够的资金用于社会保障，导致改革拖延，造成该行业赤字和债务积累继续。但如果改革能在开始就充分实施，改革的成本就会更低。

当对国家重点行业进行补贴改革时，需要覆盖所有方面，包括产品市场和劳动力市场。波兰煤炭行业直到实现市场自由化，同时价格调整与国际价格波动同步后才实现盈利。此外，由于煤炭行业优越的就业条件，很难激励该行业员工自愿离职。将国有煤矿转换成股份制公司，根据商业利益进行管理，导致雇佣条件发生变化。再加上对该行业雇员提供社会保障措施，就能促进劳动力市场的流动性，增加他们转移到其他部门的意愿。

伴随大量的失业，重点行业改革必须与工会合作设计，并做好适当的社会保障和劳动力市场支持计划。在波兰，对采矿部门进行的第一次改革尝试没有成功，就是因为没有为受改革影响最大又具有强大游说能力的煤矿工人提供充足的支持。由工会合作设计的缓解措施，包含在之后的改革计划中，打破了煤矿工人对重组的抵抗。波兰煤炭行业的改革体现了工会在改革过程中的作用以及必要的社会和劳动力市场计划对于这样的行业尤其重要：（1）是一个经济中的主要雇主且在某些地区甚至是绝对主导的雇主；（2）其员工拥有在该行业以外使用有限的专业技能。

社会义务的承担和债务的积累对补贴改革成功可能是必经之路，特别是行业需要进行现代化转型时。为了在市场条件下盈利，波兰的煤矿行业需要从一个中央计划经济下的规模超大、低效的能源提供者转变为一个具有国际竞争力的现代企业。鉴于过去大量的财政负担，从对老煤矿的改造到对产业员工的义务，该行业在没有政府财政扶持的情况下不可能改革成功。政府对该行业承担过去义务以及转换成本的实质支持，让这个行业走向盈利并最终脱离公共财政的扶持。

［附录A］

# 税前和税后全球能源补贴的估算

尚保平、伊恩·帕里、路易斯·西尔斯

本附录描述了用于估算石油产品、煤炭、天然气和电力补贴的数据来源和方法。

## A.1 税前补贴

### A.1.1 石油产品

汽油、柴油和煤油的税前消费者补贴是通过国际与国内价格之间的差额估算的，并基于运输费用和利润调整，对2000—2011年176个国家的补贴进行了估算[①]。值得注意的是，所有的补贴估算都是基于最终产品的价格比较（如汽油），而不是未经提炼的产品（如原油）。

对于由经济合作与发展组织提供了详尽的税前价格和石油产品税数据的国家，用税前价格来衡量供应成本。对于其他国家，供应成本则根据国际能源署的现货价格。对于这些国家中的石油净进口国，利润率被假定为0.1美元/升以支付国际运输成本，外加0.1美元/升的国内分销和零售成本

① 加热燃油和非公路运输车辆燃油的补贴，在一些国家额度较大，但由于数据限制没有包括在内。

支付。对于石油净出口国没有调整，因为在国内消费节约了国际运输成本。这个假定抵销了国内分销和零售成本。

经济合作与发展组织国家石油产品的国内消费价格（包括企业和家庭）来自公开渠道。对于其他国家，国内价格由该国当局向国际货币基金组织提供，德国国际合作机构的调查数据作为补充（Ebert等，2009）。汽油价格根据数据的可获得性采用普通无铅价格或其他等级的价格。当消费价格不可得时，则基于该国价格传递行为的观察进行估算。大约对54个国家2009年的估算采用这种方法，对一个国家（委内瑞拉）2011年的估算采用这种方法。采用年末价格来估计补贴数量，30个主要集中在中东和北非地区的国家除外，这些国家有季度价格数据可用。石油产品的生产者补贴是根据经济合作与发展组织的生产者支持估算的（OECD，2012a），包括对石油生产商的直接预算转移和税收优惠待遇。

用来计算总补贴的燃油产品消费水平基于经济合作与发展组织和国际能源署数据，包括家庭和企业的消费。

### A.1.2 煤炭和天然气

消费者补贴是基于国际能源署公布的2007—2011年39个国家的煤炭数据和37个国家的天然气数据计算。另外有4个中东和北非地区国家的天然气补贴是国际货币基金组织工作人员估算的。补贴采用参考价格与国内企业和家庭支付价格的差额计算，国际能源署规定了天然气和煤炭两种贸易商品的参考价格，按照净进口国和净出口国分别给出[①]。另外，2007—2011年16个国家的煤炭生产者补贴根据经济合作与发展组织数据得出。

净进口国的参考价格主要根据最近国际市场价格、质量差异调整、运费和保险成本、分销和销售成本以及增值税来确定，该价格不包括消费税。净出口国参考价格的计算根据最近国际市场价格、质量差异调整，减去运费和保险成本，加上分销、销售成本和增值税。需要注意的是，在计算中使用的煤炭和天然气数量不包括用于发电和供热所用的数量。为了估

① 虽然煤炭和天然气在国际市场进行交易，但是这些产品的运输成本很高，并且两种产品在国内或产地的消费份额很大。

算税前补贴，从国际能源署的估算中减去了增值税，用该国家的标准增值税率。煤炭生产者补贴是根据经济合作与发展组织生产者支持估算的，包括税收补贴（如特别所得税待遇）以及为提高生产者收入的预算支出（OECD，2012a）。

### A.1.3 电力

考虑到可用数据的多样性，有许多测量补贴的方法。对于来自撒哈拉以南非洲地区、中东和北非地区以及欧洲新兴经济体的40个国家，生产者和消费者联合补贴的估算来自于世界银行的报道和国际货币基金组织人员的估计，因此并不一定具有可比性。对于这些国家，补贴估算基于平均国内价格和成本回收价格，成本包括生产成本、投资成本、分配损失和电费的拒付。基于输入补贴向上调整，电力生产者可能通过使用受补贴的化石燃料得到更多补贴。对于这40个国家中的31个，最新一年的可用数据是2009年。

37个国家2007—2011年消费者价格补贴的估计来自国际能源署，基于成本（对石化燃油投入的各种补贴进行了调整）和平均国内价格的差额（IEA，2011b）。由于不包括投资成本、拒付电费和配送损失，可能低估了补贴。样本总共覆盖了77个国家。

## A.2 税后补贴

税后补贴等于税前补贴加上：

纠正性税收（或庇古税），对能源产品外部性收取的一个（消费）税种，包括二氧化碳排放、当地污染和（对于汽油和汽车柴油）其他外部性，如交通拥堵和交通事故等。

财政收入成分，反映家庭消费能源产品的从价税，这与家庭消费者消费其他任何产品产生的增值税或销售税的税率水平相一致。

### A.2.1 纠正性税收

本部分讨论了纠正石油产品、煤炭和天然气的外部性所需要的税收的估算，为了避免重复计算，我们不测算发电带来的外部性。由于现有的资料不足，我们不能测量其他发电燃料的外部性①。由于缺乏系统的跨国数据，补贴测算也没有考虑某些在环境立场上合理的能源税费②。对美国和其他几个国家已经定量分析了环境和运输相关的外部性③。

#### A.2.1.1　石油产品

燃烧石油产品（汽油、柴油和煤油）排放二氧化碳，这会导致未来全球变暖和当地空气污染，提高人们吸入污染的死亡风险。其他与汽车相关的外部性，我们分摊汽油和柴油，包括交通拥堵和交通事故及道路的损坏（主要由于卡车）。表A-1总结了美国、英国和智利已经实施的几项纠正这些外部性的汽车燃油税估计。智利的纠正性税收最高，该国交通事故死亡率（特别是行人）很高，全国大部分的驾驶事故发生在高度拥堵的情况下，车辆排放率也相对较高。

表A-1　部分国家纠正性汽车燃油税（美分/升，2011年价）

| | 汽油（卡车） | | | 柴油（卡车） | |
|---|---|---|---|---|---|
| | 美国 | 英国 | 智利 | 美国 | 智利 |
| 总计 | 38 | 44 | 73 | 40 | 65 |
| 影响的方面： | | | | | |
| 当地污染 | 3 | 4 | 18 | 10 | 16 |
| 碳 | 8 | 7 | 8 | 9 | 9 |
| 交通拥堵 | 15 | 26 | 19 | 10 | 16 |
| 交通事故 | 12 | 8 | 28 | 3 | 12 |
| 噪声 | 0 | 0 | 0 | 2 | 1 |
| 道路损害 | 0 | 0 | 0 | 6 | 12 |

资料来源：财政研究所（2012）；Parry（2011）；Parry和Small（2005）；Parry和Strand（2011）

注：以上研究估计了美国和智利的纠正性柴油税，但不包含英国。

---

① 例如，核电的放射性废物和堆芯熔毁是非常难以量化的。

② 这些主要包括区域性或国家级碳定价项目、道路使用者收费（如德国根据卡车的里程收费）及消费电力和销售汽车的消费税。例如，欧盟排放交易体系对工厂、发电厂和系统内其他设施排放的温室气体征收碳税，然而当前普遍的价格只代表估计损失的一小部分，系统只覆盖了约一半的排放量。再举一个例子，纳入新西兰对柴油汽车的道路使用税，会使我们对该国税后能源补贴的估算降低约8亿美元。

③ 对其他国家更细致的工作正在由财政事务部进行，以期提供更精准的估计（国际货币金组织，即将出版）。

借鉴美国碳社会成本跨部门工作组（2013）的研究成果，我们假定二氧化碳排放量对全球变暖的损害价值为34美元/吨（2007年美元价）。但相关文献的估算结果差异很大，例如，Nordhaus（2011）估计损害价值为12美元/吨，Stern（2006）估计85美元/吨。对所有燃油按每吨二氧化碳排放34美元计，例如，汽油和柴油转化为0.07美元/升至0.09美元/升。

仔细评估其他国家的非碳纠正性燃油税，需要考虑影响减少负外部性的支付意愿的各种因素，最重要的包括收入、当地排放率、人口密度、交通延迟和交通事故的发生频率。这些因素的国际综合数据除了人均收入，其他是不易获得的。我们通过给定国家的购买力平价收入（如哥伦比亚）与美国、英国和智利的比较①来调整支付意愿的估算。借鉴经济合作与发展组织的估值（OECD，2012b），假定降低外部性的支付意愿和人均收入之间的弹性为0.8。我们随后用这个方法修正每升外部性的估计，附录A.1描述了美国、英国和智利的估计。我们随后把这3个国家估算的平均值用于对哥伦比亚的估算。

#### A.2.1.2 煤炭

对于每吨煤炭的全球变暖损害的纠正性税收的估算，我们首先根据国际能源署的各国煤炭消费量和二氧化碳排放量数据得到每吨煤炭的二氧化碳排放量，然后用每吨煤炭消费的二氧化碳排放量乘以34美元/吨的全球变暖排放损害计算得到。

除了二氧化碳排放，与煤炭燃烧相关的主要外部性是当地空气污染，其中最主要的问题是由二氧化硫排放物化学反应所形成的细微颗粒（渗透到肺部）。美国的一个专家委员会（国家研究委员会，2009）用最先进的模型模拟出当地燃煤厂2005年平均污染排放损害达到65美元/吨（2010年美元价）。其他国家按照人均收入从该值推算，类似于前述石油产品的估计方法。这种方法没能对跨国煤炭污染物含量或排放物净化技术应用的差异进行调整。

---

① 如果不对石油产品和煤炭的非碳外部性进行调整，低收入国家的税收补贴占GDP的比重将会由3.3%提高到5.3%。

#### A.2.1.3 天然气

天然气的排放量远低于煤炭，大约产生煤炭一半的二氧化碳排放量，只有很少量的二氧化硫排放，对天然气只计算碳排放损害。与煤炭类似，纠正性税收的计算根据每千立方英尺的排放量乘以34美元/吨二氧化碳排放量。

### A.2.2 财政收入成分

这里考虑能源产品会像其他消费品一样被征税的情景[①]，估算是基于2011年150个国家的增值税税率。对于增值税税率不可得或不适用的国家，假定其增值税税率为与该地区收入水平类似国家的平均增值税税率。

### A.2.3 用纠正性税收和收入成分计算补贴

为了量化补贴幅度，通过将增值税或销售税税率应用于税前价格和外部性的消费税得到无补贴的税后价格。然后，将无补贴的税后价格与国内价格相比较并综合消费水平计算补贴。对于电力，只对具有税前补贴的国家估算了增值税或销售税。采取这种做法是因为一些国家的国内价格和成本回收价格未知。至于煤炭和天然气，假定没有税前补贴国家的国内价格与国际参考价格一致。

一个困难是增值税收入只能对作为最终消费品的能源产品作出有效的估计，而不能对作为其他消费品的中间投入品有效评估。为了将中间投入与最终消费品分离，我们选用国际能源署按工业类型划分的能源消费数据，假设作为居民用途、商业和公共服务的能源产品以及交通使用的汽油是最终消费商品。这种近似意味着，平均而言，99%的汽油消费、46%的柴油消费和51%的电力消费可以被归为最终消费。

表A-2、表A-3、表A-4、表A-5列出了部分国家和地区按输入类别和地区分组比较的石油产品、电力、天然气和煤炭的补贴占GDP的比重情况。

---

① 原则上，个别产品应该比普通消费品征收更重或较轻的税（从增加收入的角度），这取决于征税是否会在很大程度上造成向免税商品转移（如休闲和免征增值税的产品）。然而，对这些类型的调整缺乏实证支持，所以在这里不做调整。

表A-2 2011年石油产品、电力、天然气和煤炭的税前补贴占GDP的比重[1]

（国家和地区按收入类别和地区分组）

| 国家和地区 | 石油产品 | 电力 | 天然气 | 煤炭 |
|---|---|---|---|---|
| **发达国家和地区** | | | | |
| 澳大利亚 | 0.04 | — | 0.01 | 0.00 |
| 奥地利 | 0.03 | — | — | — |
| 比利时 | 0.58 | — | — | — |
| 加拿大 | 0.05 | — | 0.03 | 0.00 |
| 塞浦路斯 | 0.00 | — | — | — |
| 捷克共和国 | 0.00 | — | — | — |
| 丹麦 | 0.00 | — | — | — |
| 爱沙尼亚 | 0.00 | — | — | — |
| 芬兰 | 0.00 | — | — | — |
| 法国 | 0.01 | — | 0.00 | — |
| 德国 | 0.01 | — | 0.00 | 0.07 |
| 希腊 | 0.09 | — | — | 0.00 |
| 冰岛 | 0.00 | — | — | — |
| 爱尔兰 | 0.00 | — | — | 0.05 |
| 以色列 | 0.00 | — | 0.00 | — |
| 意大利 | 0.00 | — | — | — |
| 日本 | 0.00 | — | 0.00 | — |
| 韩国 | 0.00 | — | 0.00 | 0.02 |
| 卢森堡 | 0.00 | — | — | — |
| 马耳他 | 0.00 | — | — | — |
| 荷兰 | 0.00 | — | — | — |
| 新西兰 | 0.00 | — | — | — |
| 挪威 | 0.01 | — | 0.01 | 0.00 |
| 葡萄牙 | 0.00 | — | — | 0.00 |
| 新加坡 | 0.00 | — | — | — |
| 斯洛伐克共和国 | 0.00 | — | — | 0.01 |
| 斯洛文尼亚 | 0.00 | — | — | 0.02 |
| 西班牙 | 0.00 | — | — | 0.03 |
| 瑞典 | 0.00 | — | — | — |

续表

| 国家和地区 | 石油产品 | 电力 | 天然气 | 煤炭 |
|---|---|---|---|---|
| 瑞士 | 0.00 | — | — | — |
| 英国 | 0.01 | — | 0.01 | — |
| 美国 | 0.07 | — | 0.02 | 0.00 |
| **中东欧和独联体国家** | | | | |
| 阿尔巴尼亚 | 0.00 | — | — | — |
| 亚美尼亚 | 0.45 | 0.05 | — | — |
| 阿塞拜疆 | 0.84 | 0.73 | 1.16 | 0.00 |
| 白俄罗斯 | 0.00 | 0.26 | — | — |
| 波斯尼亚和黑塞哥维那 | 0.00 | — | — | — |
| 保加利亚 | 0.00 | — | — | — |
| 克罗地亚 | 0.00 | — | — | — |
| 格鲁吉亚 | 0.55 | — | — | — |
| 匈牙利 | 0.00 | — | — | 0.00 |
| 哈萨克斯坦 | 0.65 | 0.94 | 0.15 | 0.28 |
| 科索沃 | 0.00 | — | — | — |
| 吉尔吉斯共和国 | 3.47 | 5.43 | — | — |
| 拉脱维亚 | 0.00 | — | — | — |
| 立陶宛 | 0.00 | — | — | — |
| 马其顿 | 0.00 | — | — | — |
| 摩尔多瓦 | 0.00 | — | — | — |
| 蒙古国 | 0.00 | — | — | — |
| 黑山共和国 | 0.00 | — | — | — |
| 波兰 | 0.00 | — | — | 0.14 |
| 罗马尼亚 | 0.00 | — | — | — |
| 俄罗斯 | 0.00 | 0.99 | 1.09 | 0.00 |
| 塞尔维亚 | 0.00 | — | — | — |
| 塔吉克斯坦 | 0.00 | 1.95 | — | — |
| 土耳其 | 0.00 | — | — | 0.02 |
| 土库曼斯坦 | 6.00 | 2.32 | 14.80 | — |
| 乌克兰 | 0.00 | 1.61 | 3.59 | — |

续表

| 国家和地区 | 石油产品 | 电力 | 天然气 | 煤炭 |
|---|---|---|---|---|
| 乌兹别克斯坦 | 0.02 | 5.71 | 18.88 | — |
| **新兴发展中的亚洲国家** | | | | |
| 阿富汗 | 0.00 | 0.11 | — | — |
| 孟加拉共和国 | 0.90 | 2.63 | 1.60 | 0.00 |
| 不丹 | 0.51 | — | — | — |
| 文莱 | 2.34 | 0.98 | 0.00 | 0.00 |
| 柬埔寨 | 0.00 | — | — | — |
| 中国 | 0.00 | 0.15 | — | — |
| 斐济 | 0.01 | — | — | — |
| 印度 | 1.25 | 0.32 | 0.17 | 0.00 |
| 印度尼西亚 | 2.58 | 0.66 | 0.00 | 0.00 |
| 基里巴斯 | — | — | — | — |
| 老挝 | 0.00 | — | — | — |
| 马来西亚 | 1.24 | 0.33 | 0.31 | 0.00 |
| 马尔代夫 | 0.19 | — | — | — |
| 缅甸 | 0.54 | — | — | — |
| 尼泊尔 | 0.00 | — | — | — |
| 巴基斯坦 | 0.13 | 1.31 | 2.54 | 0.00 |
| 巴布亚新几内亚 | — | — | — | — |
| 菲律宾 | 0.00 | 0.00 | 0.00 | 0.00 |
| 萨摩亚 | — | — | — | — |
| 所罗门群岛 | 0.00 | — | — | — |
| 斯里兰卡 | 1.16 | 0.47 | 0.00 | 0.00 |
| 泰国 | 0.15 | 1.64 | 0.14 | 0.25 |
| 东帝汶 | 0.00 | — | — | — |
| 汤加 | 0.00 | — | — | — |
| 图瓦卢 | 0.00 | — | — | — |
| 瓦努阿图 | 0.00 | — | — | — |

续表

| 国家和地区 | 石油产品 | 电力 | 天然气 | 煤炭 |
|---|---|---|---|---|
| 越南 | 0.00 | 2.38 | 0.13 | — |
| **拉丁美洲和加勒比地区** | | | | |
| 安提瓜和巴布达 | 0.49 | — | — | — |
| 阿根廷 | 0.00 | 1.03 | 0.77 | 0.00 |
| 巴哈马 | 0.00 | — | — | — |
| 巴巴多斯 | 0.04 | — | — | — |
| 伯利兹 | 0.00 | — | — | — |
| 玻利维亚 | 2.40 | — | — | — |
| 巴西 | 0.00 | — | — | — |
| 智利 | 0.00 | 0.00 | 0.00 | 0.00 |
| 哥伦比亚 | 0.00 | 0.00 | 0.00 | 0.00 |
| 哥斯达黎加 | 0.00 | — | — | — |
| 多米尼克 | 0.00 | — | — | — |
| 多米尼加共和国 | 0.00 | — | — | — |
| 厄瓜多尔 | 6.31 | 0.18 | 0.00 | 0.00 |
| 萨尔瓦多 | 0.00 | 0.00 | 0.00 | 0.00 |
| 格林纳达 | 0.00 | — | — | — |
| 危地马拉 | 0.00 | — | — | — |
| 圭亚那 | 0.00 | — | — | — |
| 海地 | — | — | — | — |
| 洪都拉斯 | 0.02 | — | — | — |
| 牙买加 | 0.00 | — | — | — |
| 墨西哥 | 0.00 | 0.00 | 0.00 | 0.00 |
| 尼加拉瓜 | 0.00 | — | — | — |
| 巴拿马 | 0.02 | — | — | — |
| 巴拉圭 | 0.00 | — | — | — |
| 秘鲁 | 0.00 | 0.00 | 0.00 | 0.00 |

续表

| 国家和地区 | 石油产品 | 电力 | 天然气 | 煤炭 |
| --- | --- | --- | --- | --- |
| 圣基茨和尼维斯 | 0.20 | — | — | — |
| 圣卢西亚 | 0.19 | — | — | — |
| 圣文森特和格林纳丁斯 | 0.00 | — | — | — |
| 苏里南 | 0.00 | — | — | — |
| 特立尼达和多巴哥 | 2.75 | — | — | — |
| 乌拉圭 | 0.00 | — | — | — |
| 委内瑞拉 | 5.58 | 1.02 | 0.59 | — |
| **中东和北非国家** | | | | |
| 阿尔及利亚 | 4.30 | 1.08 | 5.36 | 0.00 |
| 巴林 | 5.37 | 2.57 | — | — |
| 吉布提 | 0.00 | 0.45 | — | — |
| 埃及 | 6.74 | 2.30 | 1.60 | 0.00 |
| 伊朗 | 4.20 | 3.61 | 4.83 | 0.00 |
| 伊拉克 | 9.92 | 1.39 | 0.25 | 0.00 |
| 约旦 | 2.15 | 3.81 | — | — |
| 科威特 | 3.09 | 2.91 | 1.29 | 0.00 |
| 黎巴嫩 | 0.07 | 4.46 | — | — |
| 利比亚 | 6.40 | 1.85 | 0.59 | 0.00 |
| 毛里塔尼亚 | 0.00 | 0.85 | 0.80 | — |
| 摩洛哥 | 0.66 | — | — | — |
| 阿曼 | 3.01 | 0.76 | 2.20 | — |
| 卡塔尔 | 1.22 | 1.20 | 1.07 | 0.00 |
| 沙特阿拉伯 | 7.46 | 2.48 | — | 0.00 |
| 苏丹 | 1.37 | — | — | — |
| 叙利亚 | — | — | — | — |
| 突尼斯 | 0.77 | 2.23 | — | — |
| 阿联酋 | 0.48 | 1.86 | 3.37 | — |
| 也门 | 4.67 | 1.33 | — | — |
| **撒哈拉以南的非洲地区** | | | | |
| 安哥拉 | 1.30 | 0.27 | 0.00 | 0.00 |
| 贝宁 | 0.00 | 1.78 | — | — |
| 博茨瓦纳 | 0.02 | 0.36 | — | — |
| 布基纳法索 | 0.00 | 0.78 | — | — |

续表

| 国家和地区 | 石油产品 | 电力 | 天然气 | 煤炭 |
|---|---|---|---|---|
| 布隆迪 | 0.00 | — | — | — |
| 喀麦隆 | 1.69 | 2.16 | — | — |
| 佛得角 | 0.00 | 2.17 | — | — |
| 中非共和国 | 0.00 | — | — | — |
| 乍得 | 0.00 | 0.00 | — | — |
| 科摩罗 | — | — | — | — |
| 刚果民主共和国 | 0.00 | 1.57 | — | — |
| 刚果共和国 | 1.20 | 2.62 | — | — |
| 科特迪瓦 | 0.00 | 2.72 | — | — |
| 赤道几内亚 | 0.28 | — | — | — |
| 厄立特里亚 | — | — | — | — |
| 埃塞俄比亚 | 0.19 | 1.24 | — | — |
| 加蓬 | 0.16 | — | — | — |
| 冈比亚 | 0.00 | — | — | — |
| 加纳 | 0.00 | 2.86 | — | — |
| 几内亚 | 0.00 | — | — | — |
| 几内亚比绍 | 0.00 | — | — | — |
| 肯尼亚 | 0.00 | 0.00 | — | — |
| 莱索托 | 0.00 | 0.85 | — | — |
| 利比里亚 | 0.00 | — | — | — |
| 马达加斯加 | 0.11 | 0.89 | — | — |
| 马拉维 | 0.00 | 1.60 | — | — |
| 马里 | 0.00 | 0.93 | — | — |
| 毛里求斯 | 0.00 | — | — | — |
| 莫桑比克 | 0.00 | 4.93 | — | — |
| 纳米比亚 | 0.00 | 0.52 | — | — |
| 尼日尔 | 0.00 | 0.00 | — | — |
| 尼日利亚 | 1.42 | 1.31 | 0.00 | 0.00 |
| 卢旺达 | 0.00 | 0.29 | — | — |
| 塞内加尔 | 0.00 | 2.26 | — | — |
| 塞舌尔 | 0.00 | — | — | — |
| 塞拉利昂 | 0.00 | — | — | — |

续表

| 国家和地区 | 石油产品 | 电力 | 天然气 | 煤炭 |
|---|---|---|---|---|
| 南非 | 0.01 | 0.55 | 0.00 | 0.00 |
| 斯威士兰 | 0.00 | — | — | — |
| 圣多美和普林西比 | 0.33 | — | — | — |
| 坦桑尼亚 | 0.00 | 2.10 | — | — |
| 多哥 | 0.00 | — | — | — |
| 乌干达 | 0.00 | 1.32 | — | — |
| 赞比亚 | 0.00 | 4.85 | — | — |
| 津巴布韦 | — | 14.52 | — | — |
| 世界平均 | 0.32 | 0.22 | 0.17 | 0.01 |

资料来源：德国国际合作机构；国际能源署，《世界能源展望2012年》；国际货币基金组织工作人员估算；国际货币基金组织，《世界经济展望》；经济合作与发展组织；世界银行。

注：数值被四舍五入到最接近的百分点；选取了2009年31个国家电力补贴，2010年4个国家的天然气数据。世界平均值的计算方法是补贴除以全球GDP。

[1]由于这些补贴值的计算采用了附录中描述的方法，可能与国家预算文件的数据存在差异。

表A-3　2011年石油产品、电力、天然气和煤炭的税前补贴占政府收入的比重[1]

（国家和地区按收入类别和地区分组）

| 国家和地区 | 石油产品 | 电力 | 天然气 | 煤炭 |
|---|---|---|---|---|
| **发达国家和地区** | | | | |
| 澳大利亚 | 0.13 | — | 0.02 | 0.01 |
| 奥地利 | 0.07 | — | — | — |
| 比利时 | 1.18 | — | — | — |
| 加拿大 | 0.13 | — | 0.07 | 0.00 |
| 塞浦路斯 | 0.00 | — | — | — |
| 捷克共和国 | 0.00 | — | — | — |
| 丹麦 | 0.00 | — | — | — |
| 爱沙尼亚 | 0.00 | — | — | — |
| 芬兰 | 0.00 | — | — | — |
| 法国 | 0.01 | — | 0.00 | — |
| 德国 | 0.03 | — | 0.00 | 0.17 |
| 希腊 | 0.23 | — | — | 0.01 |

续表

| 国家和地区 | 石油产品 | 电力 | 天然气 | 煤炭 |
|---|---|---|---|---|
| 冰岛 | 0.00 | — | — | — |
| 爱尔兰 | 0.00 | — | — | 0.14 |
| 以色列 | 0.00 | — | 0.01 | — |
| 意大利 | 0.00 | — | — | — |
| 日本 | 0.01 | — | 0.00 | — |
| 韩国 | 0.00 | — | 0.00 | 0.06 |
| 卢森堡 | 0.00 | — | — | — |
| 马耳他 | 0.00 | — | — | — |
| 荷兰 | 0.00 | — | — | — |
| 新西兰 | 0.00 | — | — | — |
| 挪威 | 0.02 | — | 0.02 | 0.00 |
| 葡萄牙 | 0.00 | — | — | 0.01 |
| 新加坡 | 0.00 | — | — | — |
| 斯洛伐克共和国 | 0.00 | — | — | 0.02 |
| 斯洛文尼亚 | 0.00 | — | — | 0.05 |
| 西班牙 | 0.00 | — | — | 0.08 |
| 瑞典 | 0.00 | — | — | — |
| 瑞士 | 0.00 | — | — | — |
| 英国 | 0.03 | — | 0.02 | — |
| 美国 | 0.22 | — | 0.06 | 0.01 |
| **中东欧和独联体国家** | | | | |
| 阿尔巴尼亚 | 0.00 | — | — | — |
| 亚美尼亚 | 2.06 | 0.22 | — | — |
| 阿塞拜疆 | 1.85 | 1.59 | 2.54 | 0.00 |
| 白俄罗斯 | 0.00 | 0.62 | — | — |
| 波斯尼亚和黑塞哥维那 | 0.00 | — | — | — |

续表

| 国家和地区 | 石油产品 | 电力 | 天然气 | 煤炭 |
|---|---|---|---|---|
| 保加利亚 | 0.00 | — | — | — |
| 克罗地亚 | 0.00 | — | — | — |
| 格鲁吉亚 | 1.95 | — | — | — |
| 匈牙利 | 0.00 | — | — | 0.00 |
| 哈萨克斯坦 | 2.33 | 3.38 | 0.55 | 1.01 |
| 科索沃 | 0.00 | — | — | — |
| 吉尔吉斯共和国 | 10.41 | 16.30 | — | — |
| 拉脱维亚 | 0.00 | — | — | — |
| 立陶宛 | 0.00 | — | — | — |
| 马其顿 | 0.00 | — | — | — |
| 摩尔多瓦 | 0.00 | — | — | — |
| 蒙古国 | 0.00 | — | — | — |
| 黑山共和国 | 0.00 | — | — | — |
| 波兰 | 0.00 | — | — | 0.36 |
| 罗马尼亚 | 0.00 | — | — | — |
| 俄罗斯 | 0.00 | 2.58 | 2.85 | 0.00 |
| 塞尔维亚 | 0.00 | — | — | — |
| 塔吉克斯坦 | 0.00 | 7.85 | — | — |
| 土耳其 | 0.00 | — | — | 0.07 |
| 土库曼斯坦 | 31.84 | 12.29 | 78.48 | — |
| 乌克兰 | 0.00 | 3.80 | 8.47 | — |
| 乌兹别克斯坦 | 0.06 | 14.20 | 46.94 | — |
| **新兴发展中的亚洲国家** | | | | |
| 阿富汗 | 0.00 | 0.52 | — | — |
| 孟加拉共和国 | 7.56 | 22.12 | 13.45 | 0.00 |
| 不丹 | 1.39 | — | — | — |
| 文莱 | 3.77 | 1.57 | 0.00 | 0.00 |
| 柬埔寨 | 0.00 | — | — | — |

续表

| 国家和地区 | 石油产品 | 电力 | 天然气 | 煤炭 |
|---|---|---|---|---|
| 中国 | 0.00 | 0.68 | — | — |
| 斐济 | 0.05 | — | — | — |
| 印度 | 6.75 | 1.72 | 0.90 | 0.00 |
| 印度尼西亚 | 14.51 | 3.69 | 0.00 | 0.00 |
| 基里巴斯 | — | — | — | — |
| 老挝 | 0.00 | — | — | — |
| 马来西亚 | 5.67 | 1.49 | 1.41 | 0.00 |
| 马尔代夫 | 0.61 | — | — | — |
| 缅甸 | 9.35 | — | — | — |
| 尼泊尔 | 0.00 | — | — | — |
| 巴基斯坦 | 1.02 | 10.23 | 19.89 | 0.00 |
| 巴布亚新几内亚 | — | — | — | — |
| 菲律宾 | 0.00 | 0.00 | 0.00 | 0.00 |
| 萨摩亚 | — | — | — | — |
| 所罗门群岛 | 0.00 | — | — | — |
| 斯里兰卡 | 7.99 | 3.26 | 0.00 | 0.00 |
| 泰国 | 0.66 | 7.24 | 0.61 | 1.08 |
| 东帝汶 | 0.00 | — | — | — |
| 汤加 | 0.00 | — | — | — |
| 图瓦卢 | 0.00 | — | — | — |
| 瓦努阿图 | 0.00 | — | — | — |
| 越南 | 0.00 | 8.59 | 0.47 | — |
| **拉丁美洲和加勒比地区** | | | | |
| 安提瓜和巴布达 | 2.36 | — | — | — |
| 阿根廷 | 0.00 | 2.76 | 2.06 | 0.00 |
| 巴哈马 | 0.00 | — | — | — |
| 巴巴多斯 | 0.10 | — | — | — |
| 伯利兹 | 0.00 | — | — | — |
| 玻利维亚 | 6.62 | — | — | — |
| 巴西 | 0.00 | — | — | — |
| 智利 | 0.00 | 0.00 | 0.00 | 0.00 |

续表

| 国家和地区 | 石油产品 | 电力 | 天然气 | 煤炭 |
| --- | --- | --- | --- | --- |
| 哥伦比亚 | 0.00 | 0.00 | 0.00 | 0.00 |
| 哥斯达黎加 | 0.00 | — | — | — |
| 多米尼克 | 0.00 | — | — | — |
| 多米尼加共和国 | 0.00 | — | — | — |
| 厄瓜多尔 | 15.44 | 0.44 | 0.00 | 0.00 |
| 萨尔瓦多 | 0.00 | 0.00 | 0.00 | 0.00 |
| 格林纳达 | 0.00 | — | — | — |
| 危地马拉 | 0.00 | — | — | — |
| 圭亚那 | 0.00 | — | — | — |
| 海地 | — | — | — | — |
| 洪都拉斯 | 0.09 | — | — | — |
| 牙买加 | 0.00 | — | — | — |
| 墨西哥 | 0.00 | 0.00 | 0.00 | 0.00 |
| 尼加拉瓜 | 0.00 | — | — | — |
| 巴拿马 | 0.08 | — | — | — |
| 巴拉圭 | 0.00 | — | — | — |
| 秘鲁 | 0.00 | 0.00 | 0.00 | 0.00 |
| 圣基茨和尼维斯 | 0.55 | — | — | — |
| 圣卢西亚 | 0.68 | — | — | — |
| 圣文森特和格林纳丁斯 | 0.00 | — | — | — |
| 苏里南 | 0.00 | — | — | — |
| 特立尼达和多巴哥 | 7.49 | — | — | — |
| 乌拉圭 | 0.00 | — | — | — |
| 委内瑞拉 | 15.83 | 2.89 | 1.66 | — |
| **中东和北非国家** | | | | |
| 阿尔及利亚 | 10.84 | 2.72 | 13.52 | 0.00 |
| 巴林 | 18.96 | 9.08 | — | — |
| 吉布提 | 0.00 | 1.32 | — | — |
| 埃及 | 30.61 | 10.44 | 7.25 | 0.00 |
| 伊朗 | 16.95 | 14.54 | 19.45 | 0.00 |
| 伊拉克 | 12.69 | 1.78 | 0.32 | 0.00 |
| 约旦 | 8.13 | 14.41 | — | — |

续表

| 国家和地区 | 石油产品 | 电力 | 天然气 | 煤炭 |
|---|---|---|---|---|
| 科威特 | 4.57 | 4.30 | 1.91 | 0.00 |
| 黎巴嫩 | 0.32 | 18.96 | — | — |
| 利比亚 | 16.64 | 4.80 | 1.53 | 0.00 |
| 毛里塔尼亚 | 0.00 | 3.09 | 2.91 | — |
| 摩洛哥 | 2.40 | — | — | — |
| 阿曼 | 7.28 | 1.83 | 5.31 | — |
| 卡塔尔 | 3.17 | 3.12 | 2.78 | 0.00 |
| 沙特阿拉伯 | 14.00 | 4.66 | 0.00 | 0.00 |
| 苏丹 | 7.33 | — | — | — |
| 叙利亚 | — | — | — | — |
| 突尼斯 | 2.42 | 7.02 | — | — |
| 阿联酋 | 1.38 | 5.32 | 9.61 | — |
| 也门 | 19.03 | 5.42 | — | — |
| **撒哈拉以南的非洲地区** | | | | |
| 安哥拉 | 2.67 | 0.55 | 0.00 | 0.00 |
| 贝宁 | 0.00 | 8.84 | — | — |
| 博茨瓦纳 | 0.07 | 1.21 | — | — |
| 布基纳法索 | 0.00 | 3.59 | — | — |
| 布隆迪 | 0.00 | — | — | — |
| 喀麦隆 | 8.92 | 11.42 | — | — |
| 佛得角 | 0.00 | 8.66 | — | — |
| 中非共和国 | 0.00 | — | — | — |
| 乍得 | 0.00 | 0.00 | — | — |
| 科摩罗 | — | — | — | — |
| 刚果民主共和国 | 0.00 | 5.75 | — | — |
| 刚果共和国 | 2.82 | 6.17 | — | — |
| 科特迪瓦 | 0.00 | 13.43 | — | — |
| 赤道几内亚 | 0.92 | — | — | — |
| 厄立特里亚 | — | — | — | — |
| 埃塞俄比亚 | 1.12 | 7.40 | — | — |
| 加蓬 | 0.56 | — | — | — |

续表

| 国家和地区 | 石油产品 | 电力 | 天然气 | 煤炭 |
|---|---|---|---|---|
| 冈比亚 | 0.00 | — | — | — |
| 加纳 | 0.00 | 14.70 | — | — |
| 几内亚 | 0.00 | — | — | — |
| 几内亚（比绍） | 0.00 | — | — | — |
| 肯尼亚 | 0.00 | 0.00 | — | — |
| 莱索托 | 0.00 | 1.61 | — | — |
| 利比里亚 | 0.00 | — | — | — |
| 马达加斯加 | 0.95 | 7.86 | — | — |
| 马拉维 | 0.00 | 5.43 | — | — |
| 马里 | 0.00 | 3.98 | — | — |
| 毛里求斯 | 0.00 | — | — | — |
| 莫桑比克 | 0.00 | 16.40 | — | — |
| 纳米比亚 | 0.00 | 1.82 | — | — |
| 尼日尔 | 0.00 | 0.00 | — | — |
| 尼日利亚 | 4.82 | 4.44 | 0.00 | 0.00 |
| 卢旺达 | 0.00 | 1.14 | — | — |
| 塞内加尔 | 0.00 | 10.08 | — | — |
| 塞舌尔 | 0.00 | — | — | — |
| 塞拉利昂 | 0.00 | — | — | — |
| 南非 | 0.02 | 2.01 | 0.00 | 0.00 |
| 斯威士兰 | 0.00 | — | — | — |
| 圣多美和普林西比 | 0.90 | — | — | — |
| 坦桑尼亚 | 0.00 | 9.50 | — | — |
| 多哥 | 0.00 | — | — | — |
| 乌干达 | 0.00 | 8.95 | — | — |
| 赞比亚 | 0.00 | 21.59 | — | — |
| 津巴布韦 | — | 47.02 | — | — |
| 世界平均 | 0.94 | 0.64 | 0.50 | 0.03 |

资料来源：德国国际合作机构；国际能源署，《世界能源展望2012年》；国际货币基金组织工作人员估算；国际货币基金组织，《世界经济展望》；经济合作与发展组织；世界银行。

注：数值被四舍五入到最接近的百分点；选取了2009年31个国家电力补贴，2010年4个国家的天然气数据。世界平均值的计算方法是补贴除以全球政府收入。

[1]由于这些补贴值的计算采用了附录中描述的方法，可能与国家预算文件的数据存在差异。

表A-4　2011年石油产品、电力、天然气和煤炭的税后补贴占GDP的比重[1]

（国家和地区按收入类别和地区分组）

| 国家和地区 | 石油产品 | 电力 | 天然气 | 煤炭 |
|---|---|---|---|---|
| **发达国家和地区** | | | | |
| 澳大利亚 | 0.61 | — | 0.19 | 0.68 |
| 奥地利 | 0.04 | — | 0.17 | 0.20 |
| 比利时 | 0.58 | — | 0.29 | 0.11 |
| 加拿大 | 1.16 | — | 0.47 | 0.26 |
| 塞浦路斯 | 0.09 | — | — | 0.01 |
| 捷克共和国 | 0.00 | — | 0.37 | 1.75 |
| 丹麦 | 0.00 | — | 0.11 | 0.22 |
| 爱沙尼亚 | 0.00 | — | 0.21 | 3.34 |
| 芬兰 | 0.00 | — | 0.11 | 0.42 |
| 法国 | 0.01 | — | 0.14 | 0.08 |
| 德国 | 0.01 | — | 0.19 | 0.56 |
| 希腊 | 0.09 | — | 0.11 | 0.58 |
| 冰岛 | 0.00 | — | — | 0.14 |
| 爱尔兰 | 0.00 | — | 0.19 | 0.27 |
| 以色列 | 0.00 | — | 0.15 | 0.69 |
| 意大利 | 0.00 | — | 0.31 | 0.14 |
| 日本 | 0.10 | — | 0.17 | 0.41 |
| 韩国 | 0.06 | — | 0.34 | 1.55 |
| 卢森堡[2] | 2.62 | — | 0.17 | 0.03 |
| 马耳他 | 0.00 | — | — | — |
| 荷兰 | 0.00 | — | 0.42 | 0.20 |
| 新西兰 | 0.77 | — | 0.18 | 0.20 |
| 挪威 | 0.01 | — | 0.11 | 0.04 |
| 葡萄牙 | 0.00 | — | 0.17 | 0.19 |
| 新加坡 | 0.49 | — | 0.27 | 0.01 |
| 斯洛伐克共和国 | 0.00 | — | 0.50 | 0.79 |
| 斯洛文尼亚 | 0.00 | — | 0.13 | 0.64 |

续表

| 国家和地区 | 石油产品 | 电力 | 天然气 | 煤炭 |
|---|---|---|---|---|
| 西班牙 | 0.00 | — | 0.18 | 0.21 |
| 瑞典 | 0.00 | — | 0.02 | 0.09 |
| 瑞士 | 0.00 | — | 0.04 | 0.01 |
| 中国台湾省 | — | 0.28 | 0.25 | 2.06 |
| 英国 | 0.01 | — | 0.32 | 0.28 |
| 美国 | 1.58 | — | 0.36 | 0.78 |
| **中东欧和独联体国家** | | | | |
| 阿尔巴尼亚 | 0.00 | — | 0.01 | 0.02 |
| 亚美尼亚 | 0.93 | 0.40 | 1.19 | — |
| 阿塞拜疆 | 2.39 | 0.91 | 2.19 | 0.00 |
| 白俄罗斯 | 0.00 | 1.08 | 3.54 | — |
| 波斯尼亚和黑塞哥维那 | 0.00 | — | 0.11 | 4.66 |
| 保加利亚 | 0.00 | — | 0.38 | 2.91 |
| 克罗地亚 | 0.00 | — | 0.45 | 0.29 |
| 格鲁吉亚 | 0.86 | — | 0.61 | 0.08 |
| 匈牙利 | 0.00 | — | 0.78 | 0.39 |
| 哈萨克斯坦 | 2.36 | 0.97 | 1.32 | 3.64 |
| 科索沃 | 0.00 | — | — | 0.02 |
| 吉尔吉斯共和国 | 7.28 | 5.71 | 0.40 | 1.94 |
| 拉脱维亚 | 0.00 | — | 0.58 | 0.14 |
| 立陶宛 | 0.00 | — | 0.55 | 0.14 |
| 马其顿 | 0.00 | — | 0.13 | 1.77 |
| 摩尔多瓦 | 0.00 | — | 2.16 | 0.17 |
| 蒙古国 | 0.00 | — | — | 6.36 |
| 黑山共和国 | 0.00 | — | — | 0.00 |
| 波兰 | 0.00 | — | 0.26 | 2.33 |
| 罗马尼亚 | 0.00 | — | 0.58 | 0.74 |
| 俄罗斯 | 1.64 | 1.27 | 3.07 | 1.36 |
| 塞尔维亚 | 0.00 | — | 0.52 | 3.33 |
| 塔吉克斯坦 | 0.16 | 2.50 | 0.32 | 0.20 |
| 土耳其 | 0.00 | — | 0.45 | 0.86 |

续表

| 国家和地区 | 石油产品 | 电力 | 天然气 | 煤炭 |
|---|---|---|---|---|
| 土库曼斯坦 | 8.59 | 2.39 | 21.94 | — |
| 乌克兰 | 0.31 | 1.85 | 8.24 | 3.71 |
| 乌兹别克斯坦 | 1.10 | 5.95 | 28.03 | 0.38 |
| **新兴发展中的亚洲国家** | | | | |
| 阿富汗 | 0.14 | 0.19 | — | — |
| 孟加拉共和国 | 1.46 | 3.01 | 2.94 | 0.12 |
| 不丹 | 1.36 | — | — | — |
| 文莱 | 6.06 | 1.36 | 1.64 | 0.00 |
| 柬埔寨 | 0.00 | — | — | 0.00 |
| 中国 | 0.00 | 0.30 | 0.13 | 4.41 |
| 斐济 | 0.16 | — | — | — |
| 印度 | 2.02 | 0.36 | 0.41 | 2.63 |
| 印度尼西亚 | 3.47 | 0.72 | 0.44 | 0.65 |
| 基里巴斯 | — | — | — | — |
| 老挝 | 0.00 | — | — | — |
| 马来西亚 | 5.38 | 0.56 | 1.02 | 0.98 |
| 马尔代夫 | 1.74 | — | — | — |
| 缅甸 | 1.04 | — | — | — |
| 尼泊尔 | 0.28 | — | — | 0.16 |
| 巴基斯坦 | 1.14 | 1.63 | 3.67 | 0.22 |
| 巴布亚新几内亚 | — | — | — | — |
| 菲律宾 | 0.31 | 0.00 | 0.11 | 0.65 |
| 萨摩亚 | — | — | — | — |
| 所罗门群岛 | 0.00 | — | — | — |
| 斯里兰卡 | 2.17 | 0.75 | 0.00 | 0.04 |
| 泰国 | 1.54 | 1.76 | 0.99 | 1.06 |
| 东帝汶 | 0.05 | — | — | — |
| 汤加 | 0.00 | — | — | — |
| 图瓦卢 | 0.00 | — | — | — |
| 瓦努阿图 | 0.00 | — | — | — |
| 越南 | 0.83 | 2.64 | 0.78 | 1.60 |

续表

| 国家和地区 | 石油产品 | 电力 | 天然气 | 煤炭 |
| --- | --- | --- | --- | --- |
| **拉丁美洲和加勒比地区** | | | | |
| 安提瓜和巴布达 | 1.77 | — | — | — |
| 阿根廷 | 0.35 | 1.15 | 1.56 | 0.13 |
| 巴哈马 | 1.57 | — | — | — |
| 巴巴多斯 | 0.61 | — | — | — |
| 伯利兹 | 0.00 | — | — | — |
| 玻利维亚 | 5.18 | — | 1.02 | — |
| 巴西 | 0.11 | — | 0.11 | 0.10 |
| 智利 | 1.36 | 0.00 | 0.12 | 0.42 |
| 哥伦比亚 | 0.00 | 0.00 | 0.25 | 0.27 |
| 哥斯达黎加 | 0.47 | — | — | 0.03 |
| 多米尼克 | 1.30 | — | — | — |
| 多米尼加共和国 | 0.06 | — | 0.17 | 0.18 |
| 厄瓜多尔 | 10.03 | 0.33 | 0.07 | 0.00 |
| 萨尔瓦多 | 0.90 | 0.00 | 0.00 | 0.00 |
| 格林纳达 | 1.12 | — | — | — |
| 危地马拉 | 0.87 | — | — | 0.48 |
| 圭亚那 | 1.20 | — | — | — |
| 海地 | — | — | — | — |
| 洪都拉斯 | 0.67 | — | — | 0.01 |
| 牙买加 | 0.60 | — | — | 0.06 |
| 墨西哥 | 2.14 | 0.00 | 0.42 | 0.16 |
| 尼加拉瓜 | 0.11 | — | — | — |
| 巴拿马 | 2.40 | — | — | 0.02 |
| 巴拉圭 | 0.00 | — | — | — |
| 秘鲁 | 0.33 | 0.00 | 0.36 | 0.04 |
| 圣基茨和尼维斯 | 1.35 | — | — | — |
| 圣卢西亚 | 0.99 | — | — | — |
| 圣文森特和格林纳丁斯 | 0.99 | — | — | — |
| 苏里南 | 0.00 | — | — | — |
| 特立尼达和多巴哥 | 5.95 | — | 6.51 | — |
| 乌拉圭 | 0.00 | — | 0.02 | 0.00 |

续表

| 国家和地区 | 石油产品 | 电力 | 天然气 | 煤炭 |
|---|---|---|---|---|
| 委内瑞拉 | 8.31 | 1.27 | 1.25 | 0.00 |
| **中东和北非国家** | | | | |
| 阿尔及利亚 | 6.31 | 1.15 | 6.37 | 0.00 |
| 巴林 | 10.26 | 2.96 | 2.74 | — |
| 吉布提 | 0.24 | 0.51 | — | — |
| 埃及 | 8.84 | 2.50 | 3.05 | 0.07 |
| 伊朗 | 7.98 | 3.64 | 7.10 | 0.02 |
| 伊拉克 | 14.91 | 1.57 | 0.34 | 0.00 |
| 约旦 | 5.65 | 4.10 | 0.50 | — |
| 科威特 | 7.01 | 3.12 | 2.05 | 0.00 |
| 黎巴嫩 | 3.93 | 4.61 | 0.24 | 0.15 |
| 利比亚 | 9.11 | 2.33 | 1.90 | 0.00 |
| 毛里塔尼亚 | 1.06 | 0.93 | 0.80 | — |
| 摩洛哥 | 3.04 | — | 0.05 | 0.46 |
| 阿曼 | 6.73 | 0.94 | 3.86 | — |
| 卡塔尔 | 5.51 | 1.26 | 2.08 | 0.00 |
| 沙特阿拉伯 | 13.57 | 2.79 | 0.96 | 0.00 |
| 苏丹 | 2.40 | — | — | — |
| 叙利亚 | — | — | — | — |
| 突尼斯 | 2.75 | 2.43 | 1.01 | — |
| 阿联酋 | 3.58 | 2.04 | 4.67 | 0.04 |
| 也门 | 7.25 | 1.47 | 1.53 | — |
| **撒哈拉以南的非洲地区** | | | | |
| 安哥拉 | 2.65 | 0.31 | 0.05 | 0.00 |
| 贝宁 | 0.47 | 2.01 | — | — |
| 博茨瓦纳 | 1.05 | 0.48 | — | 0.45 |
| 布基纳法索 | 0.33 | 0.94 | — | — |
| 布隆迪 | 0.00 | — | — | — |
| 喀麦隆 | 2.57 | 2.41 | 0.07 | — |
| 佛得角 | 0.00 | 2.57 | — | — |

续表

| 国家和地区 | 石油产品 | 电力 | 天然气 | 煤炭 |
|---|---|---|---|---|
| 中非共和国 | 0.00 | — | — | — |
| 乍得 | 0.00 | 0.02 | — | — |
| 科摩罗 | — | — | — | — |
| 刚果民主共和国 | 0.00 | 1.80 | 0.00 | 0.13 |
| 刚果共和国 | 2.21 | 2.66 | 0.01 | — |
| 科特迪瓦 | 0.00 | 2.96 | 0.56 | — |
| 赤道几内亚 | 2.02 | — | — | — |
| 厄立特里亚 | — | — | — | — |
| 埃塞俄比亚 | 0.68 | 1.32 | — | — |
| 加蓬 | 0.88 | — | 0.09 | — |
| 冈比亚 | 0.00 | — | — | — |
| 加纳 | 0.59 | 3.02 | — | — |
| 几内亚 | 0.00 | — | — | — |
| 几内亚（比绍） | 0.00 | — | — | — |
| 肯尼亚 | 0.61 | 0.16 | — | 0.01 |
| 莱索托 | 0.05 | 0.94 | — | — |
| 利比里亚 | 0.02 | — | — | — |
| 马达加斯加 | 0.45 | 0.98 | — | — |
| 马拉维 | 0.17 | 2.01 | — | — |
| 马里 | 0.19 | 0.99 | — | — |
| 毛里求斯 | 0.00 | — | — | — |
| 莫桑比克 | 0.27 | 5.07 | 0.13 | 0.02 |
| 纳米比亚 | 0.13 | 0.52 | — | 0.10 |
| 尼日尔 | 0.24 | 0.17 | — | — |
| 尼日利亚 | 2.16 | 1.34 | 0.28 | 0.00 |
| 卢旺达 | 0.00 | 0.39 | — | — |
| 塞内加尔 | 0.00 | 2.51 | 0.01 | 0.23 |
| 塞舌尔 | 0.00 | — | — | — |
| 塞拉利昂 | 0.63 | — | — | — |
| 南非 | 0.40 | 0.73 | 0.00 | 3.24 |
| 斯威士兰 | 0.00 | — | — | — |
| 圣多美和普林西比 | 0.63 | — | — | — |

续表

| 国家和地区 | 石油产品 | 电力 | 天然气 | 煤炭 |
|---|---|---|---|---|
| 坦桑尼亚 | 0.00 | 2.26 | 0.27 | 0.04 |
| 多哥 | 0.85 | — | — | — |
| 乌干达 | 0.00 | 1.45 | — | — |
| 赞比亚 | 0.00 | 4.96 | — | 0.00 |
| 津巴布韦 | — | 14.89 | — | 3.08 |
| 世界平均 | 1.04 | 0.26 | 0.54 | 1.02 |

资料来源：德国国际合作机构；国际能源署，《世界能源展望2012年》；国际货币基金组织工作人员估算；国际货币基金组织，《世界经济展望》；经济合作与发展组织；世界银行。

注：数值被四舍五入到最接近的百分点；选取了2009年31个国家电力补贴，2010年4个国家的天然气数据。世界平均值的计算方法是补贴除以全球GDP。

[1]由于缺乏系统性的跨国数据，补贴估算没有考虑某些基于环保理由的能源税费，原则上这些包括区域和国家级碳定价方案、道路使用者收费（如德国根据卡车的里程收费）及消费电力和销售汽车的消费税。例如，欧盟排放交易体系对工厂、发电厂和系统内其他设施排放的温室气体征收碳税，然而当前普遍的价格只代表估计损失的一小部分，系统只覆盖了约一半的排放量。再举一个例子，纳入新西兰对柴油汽车的道路使用税，会使我们对该国税后能源补贴的估算降低约8亿美元。

[2]卢森堡的估算在很大程度上反映出其向周边国家跨境销售石油产品，用低税率来吸引买家。

表A-5　2011年石油产品、电力、天然气和煤炭的税后补贴占政府收入的比重[1]

（国家和地区按收入类别和地区分组）

| 国家和地区 | 石油产品 | 电力 | 天然气 | 煤炭 |
|---|---|---|---|---|
| **发达国家和地区** | | | | |
| 澳大利亚 | 1.90 | — | 0.60 | 2.14 |
| 奥地利 | 0.07 | — | 0.36 | 0.42 |
| 比利时 | 1.18 | — | 0.58 | 0.23 |
| 加拿大 | 3.04 | — | 1.22 | 0.68 |
| 塞浦路斯 | 0.22 | — | — | 0.02 |
| 捷克共和国 | 0.00 | — | 0.91 | 4.33 |
| 丹麦 | 0.00 | — | 0.21 | 0.40 |

续表

| 国家和地区 | 石油产品 | 电力 | 天然气 | 煤炭 |
|---|---|---|---|---|
| 爱沙尼亚 | 0.00 | — | 0.48 | 7.57 |
| 芬兰 | 0.00 | — | 0.20 | 0.79 |
| 法国 | 0.01 | — | 0.27 | 0.16 |
| 德国 | 0.03 | — | 0.42 | 1.25 |
| 希腊 | 0.23 | — | 0.28 | 1.41 |
| 冰岛 | 0.00 | — | — | 0.33 |
| 爱尔兰 | 0.00 | — | 0.55 | 0.79 |
| 以色列 | 0.00 | — | 0.38 | 1.70 |
| 意大利 | 0.00 | — | 0.68 | 0.31 |
| 日本 | 0.34 | — | 0.54 | 1.33 |
| 韩国 | 0.25 | — | 1.46 | 6.63 |
| 卢森堡[2] | 6.33 | — | 0.41 | 0.08 |
| 马耳他 | 0.00 | — | — | — |
| 荷兰 | 0.00 | — | 0.93 | 0.45 |
| 新西兰 | 2.66 | — | 0.62 | 0.68 |
| 挪威 | 0.02 | — | 0.19 | 0.08 |
| 葡萄牙 | 0.00 | — | 0.38 | 0.43 |
| 新加坡 | 1.97 | — | 1.10 | 0.05 |
| 斯洛伐克共和国 | 0.00 | — | 1.54 | 2.43 |
| 斯洛文尼亚 | 0.00 | — | 0.32 | 1.53 |
| 西班牙 | 0.00 | — | 0.51 | 0.58 |
| 瑞典 | 0.00 | — | 0.04 | 0.19 |
| 瑞士 | 0.00 | — | 0.12 | 0.02 |
| 英国 | 0.03 | — | 0.86 | 0.76 |
| 美国 | 5.03 | — | 1.16 | 2.49 |

续表

| 国家和地区 | 石油产品 | 电力 | 天然气 | 煤炭 |
|---|---|---|---|---|
| **中东欧和独联体国家** | | | | |
| 阿尔巴尼亚 | 0.00 | — | 0.06 | 0.07 |
| 亚美尼亚 | 4.25 | 1.81 | 5.44 | — |
| 阿塞拜疆 | 5.25 | 2.00 | 4.81 | 0.00 |
| 白俄罗斯 | 0.00 | 2.58 | 8.43 | — |
| 波斯尼亚和黑塞哥维那 | 0.00 | — | 0.23 | 10.03 |
| 保加利亚 | 0.00 | — | 1.17 | 8.98 |
| 克罗地亚 | 0.00 | — | 1.23 | 0.79 |
| 格鲁吉亚 | 3.04 | — | 2.16 | 0.27 |
| 匈牙利 | 0.00 | — | 1.48 | 0.73 |
| 哈萨克斯坦 | 8.51 | 3.49 | 4.74 | 13.09 |
| 科索沃 | 0.00 | — | — | 0.06 |
| 吉尔吉斯共和国 | 21.84 | 17.13 | 1.19 | 5.83 |
| 拉脱维亚 | 0.00 | — | 1.62 | 0.38 |
| 立陶宛 | 0.00 | — | 1.68 | 0.42 |
| 马其顿 | 0.00 | — | 0.44 | 6.16 |
| 摩尔多瓦 | 0.00 | — | 5.89 | 0.46 |
| 蒙古国 | 0.00 | — | — | 16.02 |
| 黑山共和国 | 0.00 | — | — | 0.00 |
| 波兰 | 0.00 | — | 0.68 | 6.06 |
| 罗马尼亚 | 0.00 | — | 1.84 | 2.34 |
| 俄罗斯 | 4.27 | 3.30 | 8.01 | 3.54 |
| 塞尔维亚 | 0.00 | — | 1.27 | 8.12 |
| 塔吉克斯坦 | 0.65 | 10.04 | 1.28 | 0.81 |
| 土耳其 | 0.00 | — | 1.29 | 2.48 |
| 土库曼斯坦 | 45.59 | 12.67 | 116.38 | — |
| 乌克兰 | 0.73 | 4.36 | 19.45 | 8.76 |
| 乌兹别克斯坦 | 2.72 | 14.80 | 69.68 | 0.94 |

续表

| 国家和地区 | 石油产品 | 电力 | 天然气 | 煤炭 |
| --- | --- | --- | --- | --- |
| **新兴发展中的亚洲国家** | | | | |
| 阿富汗 | 0.66 | 0.86 | — | — |
| 孟加拉共和国 | 12.27 | 25.25 | 24.72 | 1.02 |
| 不丹 | 3.72 | — | — | — |
| 文莱 | 9.73 | 2.19 | 2.64 | 0.00 |
| 柬埔寨 | 0.00 | — | — | 0.01 |
| 中国 | 0.00 | 1.34 | 0.58 | 19.45 |
| 斐济 | 0.62 | — | — | — |
| 印度 | 10.91 | 1.97 | 2.21 | 14.17 |
| 印度尼西亚 | 19.46 | 4.04 | 2.45 | 3.65 |
| 基里巴斯 | — | — | — | — |
| 老挝 | 0.00 | — | — | — |
| 马来西亚 | 24.61 | 2.54 | 4.66 | 4.46 |
| 马尔代夫 | 5.57 | — | — | — |
| 缅甸 | 18.11 | — | — | — |
| 尼泊尔 | 1.57 | — | — | 0.89 |
| 巴基斯坦 | 8.93 | 12.76 | 28.68 | 1.72 |
| 巴布亚新几内亚 | — | — | — | — |
| 菲律宾 | 1.80 | 0.00 | 0.64 | 3.74 |
| 萨摩亚 | — | — | — | — |
| 所罗门群岛 | 0.00 | — | — | — |
| 斯里兰卡 | 14.96 | 5.17 | 0.00 | 0.27 |
| 泰国 | 6.80 | 7.77 | 4.38 | 4.68 |
| 东帝汶 | 0.06 | — | — | — |
| 汤加 | 0.00 | — | — | — |
| 图瓦卢 | 0.00 | — | — | — |
| 瓦努阿图 | 0.00 | — | — | — |
| 越南 | 3.00 | 9.54 | 2.81 | 5.78 |

续表

| 国家和地区 | 石油产品 | 电力 | 天然气 | 煤炭 |
|---|---|---|---|---|
| **拉丁美洲和加勒比地区** | | | | |
| 安提瓜和巴布达 | 8.58 | — | — | — |
| 阿根廷 | 0.95 | 3.08 | 4.18 | 0.34 |
| 巴哈马 | 8.75 | — | — | — |
| 巴巴多斯 | 1.70 | — | — | — |
| 伯利兹 | 0.00 | — | — | — |
| 玻利维亚 | 14.31 | — | 2.83 | — |
| 巴西 | 0.33 | — | 0.30 | 0.28 |
| 智利 | 5.49 | 0.00 | 0.50 | 1.70 |
| 哥伦比亚 | 0.00 | 0.00 | 0.93 | 1.00 |
| 哥斯达黎加 | 3.38 | — | — | 0.19 |
| 多米尼克 | 4.18 | — | — | — |
| 多米尼加共和国 | 0.45 | — | 1.24 | 1.34 |
| 厄瓜多尔 | 24.55 | 0.80 | 0.18 | 0.00 |
| 萨尔瓦多 | 5.05 | 0.00 | 0.00 | 0.00 |
| 格林纳达 | 5.02 | — | — | — |
| 危地马拉 | 7.33 | — | — | 4.09 |
| 圭亚那 | 4.33 | — | — | — |
| 海地 | — | — | — | — |
| 洪都拉斯 | 2.85 | — | — | 0.05 |
| 牙买加 | 2.38 | — | — | 0.22 |
| 墨西哥 | 9.69 | 0.00 | 1.88 | 0.74 |
| 尼加拉瓜 | 0.33 | — | — | — |
| 巴拿马 | 9.65 | — | — | 0.06 |
| 巴拉圭 | 0.00 | — | — | — |
| 秘鲁 | 1.53 | 0.00 | 1.65 | 0.20 |
| 圣基茨和尼维斯 | 3.62 | — | — | — |
| 圣卢西亚 | 3.60 | — | — | — |
| 圣文森特和格林纳丁斯 | 3.79 | — | — | — |

续表

| 国家和地区 | 石油产品 | 电力 | 天然气 | 煤炭 |
| --- | --- | --- | --- | --- |
| 苏里南 | 0.00 | — | — | — |
| 特立尼达和多巴哥 | 16.19 | — | 17.71 | — |
| 乌拉圭 | 0.00 | — | 0.05 | 0.00 |
| 委内瑞拉 | 23.58 | 3.59 | 3.56 | 0.01 |
| **中东和北非国家** | | | | |
| 阿尔及利亚 | 15.91 | 2.89 | 16.08 | 0.00 |
| 巴林 | 36.25 | 10.44 | 9.67 | — |
| 吉布提 | 0.69 | 1.49 | — | — |
| 埃及 | 40.16 | 11.35 | 13.87 | 0.32 |
| 伊朗 | 32.17 | 14.66 | 28.62 | 0.09 |
| 伊拉克 | 19.08 | 2.01 | 0.43 | 0.00 |
| 约旦 | 21.36 | 15.49 | 1.90 | — |
| 科威特 | 10.38 | 4.62 | 3.03 | 0.00 |
| 黎巴嫩 | 16.69 | 19.59 | 1.04 | 0.62 |
| 利比亚 | 23.66 | 6.04 | 4.94 | 0.00 |
| 毛里塔尼亚 | 3.87 | 3.37 | 2.91 | — |
| 摩洛哥 | 11.03 | — | 0.19 | 1.68 |
| 阿曼 | 16.26 | 2.27 | 9.33 | — |
| 卡塔尔 | 14.30 | 3.26 | 5.38 | 0.00 |
| 沙特阿拉伯 | 5.23 | 1.80 | 0.00 | |
| 苏丹 | 12.83 | — | — | — |
| 叙利亚 | — | — | — | — |
| 突尼斯 | 8.67 | 7.66 | 3.17 | — |
| 阿联酋 | 10.21 | 5.82 | 13.33 | 0.11 |
| 也门 | 29.54 | 5.99 | 6.23 | — |
| **撒哈拉以南的非洲地区** | | | | |
| 安哥拉 | 5.42 | 0.64 | 0.11 | 0.00 |

续表

| 国家和地区 | 石油产品 | 电力 | 天然气 | 煤炭 |
|---|---|---|---|---|
| 贝宁 | 2.36 | 9.98 | — | — |
| 博茨瓦纳 | 3.54 | 1.64 | — | 1.53 |
| 布基纳法索 | 1.50 | 4.30 | — | — |
| 布隆迪 | 0.00 | — | — | — |
| 喀麦隆 | 13.62 | 12.76 | 0.37 | — |
| 佛得角 | 0.00 | 10.23 | — | — |
| 中非共和国 | 0.00 | — | — | — |
| 乍得 | 0.00 | 0.06 | — | — |
| 科摩罗 | — | — | — | — |
| 刚果民主共和国 | 0.00 | 6.57 | 0.02 | 0.46 |
| 刚果共和国 | 5.20 | 6.25 | 0.03 | — |
| 科特迪瓦 | 0.00 | 14.59 | 2.79 | — |
| 赤道几内亚 | 6.56 | — | — | — |
| 厄立特里亚 | — | — | — | — |
| 埃塞俄比亚 | 4.06 | 7.89 | — | — |
| 加蓬 | 3.13 | — | 0.32 | — |
| 冈比亚 | 0.00 | — | — | — |
| 加纳 | 3.03 | 15.50 | — | — |
| 几内亚 | 0.00 | — | — | — |
| 几内亚（比绍） | 0.00 | — | — | — |
| 肯尼亚 | 2.44 | 0.66 | — | 0.04 |
| 莱索托 | 0.10 | 1.77 | — | — |
| 利比里亚 | 0.07 | — | — | — |
| 马达加斯加 | 4.01 | 8.73 | — | — |
| 马拉维 | 0.58 | 6.83 | — | — |
| 马里 | 0.82 | 4.24 | — | — |
| 毛里求斯 | 0.00 | — | — | — |
| 莫桑比克 | 0.90 | 16.89 | 0.44 | 0.07 |
| 纳米比亚 | 0.45 | 1.82 | — | 0.34 |

续表

| 国家和地区 | 石油产品 | 电力 | 天然气 | 煤炭 |
| --- | --- | --- | --- | --- |
| 尼日尔 | 1.24 | 0.88 | — | — |
| 尼日利亚 | 7.33 | 4.55 | 0.94 | 0.00 |
| 卢旺达 | 0.00 | 1.50 | — | — |
| 塞内加尔 | 0.00 | 11.22 | 0.04 | 1.02 |
| 塞舌尔 | 0.00 | — | — | — |
| 塞拉利昂 | 3.71 | — | — | — |
| 南非 | 1.46 | 2.65 | 0.00 | 11.79 |
| 斯威士兰 | 0.00 | — | — | — |
| 圣多美和普林西比 | 1.70 | — | — | — |
| 坦桑尼亚 | 0.00 | 10.23 | 1.24 | 0.17 |
| 多哥 | 3.96 | — | — | — |
| 乌干达 | 0.00 | 9.79 | — | — |
| 赞比亚 | 0.00 | 22.07 | — | 0.00 |
| 津巴布韦 | — | 48.22 | — | 9.96 |
| 世界平均 | 3.12 | 0.77 | 1.61 | 3.04 |

资料来源：德国国际合作机构；国际能源署，《世界能源展望2012年》；国际货币基金组织工作人员估算；国际货币基金组织，《世界经济展望》；经济合作与发展组织；世界银行。

注：数值被四舍五入到最接近的百分点；选取了2009年31个国家电力补贴，2010年4个国家的天然气数据。世界平均值的计算方法是补贴除以全球政府收入。

[1]由于缺乏系统性的跨国数据，补贴估算没有考虑某些基于环保理由的能源税费，原则上这些包括区域和国家级碳定价方案、道路使用者收费（如德国根据卡车的里程收费）及消费电力和销售汽车的消费税。例如欧盟排放交易体系对工厂、发电厂和系统内其他设施排放的温室气体征收碳税，然而当前普遍的价格只代表估计损失的一小部分，系统只覆盖了约一半的排放量。再举一个例子，纳入新西兰对柴油汽车的道路使用税，会使我们对该国税后能源补贴的估算降低约8亿美元。

[2]卢森堡的估算很大程度上反映出其向周边国家跨境销售石油产品，用低税率来吸引买家。

［附录B］

# 评估能源补贴改革对环境和健康的影响

伊恩·帕里、尚保平

本附录描述了用于计算能源补贴改革对二氧化碳排放、二氧化硫排放和其他本地污染的影响的计算方法。在此我们考虑能源价格提高到一定水平的情景，即足以消除石油产品、煤炭、天然气和电力的含税补贴。对于每个产品，在计算出消除含税补贴所需的价格上涨之后，我们估算产品需求量减少了多少。需求量的减少是根据产品需求弹性假设来确定的，以下描述了如何对各产品进行估算的细节。

## B.1 石油产品

### B.1.1 二氧化碳排放

假定汽油、柴油和煤油的价格弹性是-0.4（Parry，2011），然后计算二氧化碳排放量的减少，用汽油消费量的减少乘以0.0023吨/升的汽油消费二氧化碳系数。假定柴油和煤油的二氧化碳系数高16%（Parry，2011）。

### B.1.2 本地污染

由化石燃料燃烧而产生的其他本地污染物的减少（以百分比计）用燃油消耗的减少近似替代。由于汽油燃烧只产生少量的二氧化硫，因此未估计取消石油补贴对二氧化硫的影响。

## B.2 煤炭

### B.2.1 二氧化碳排放

通过假定煤炭的价格弹性为-0.2（国际能源署，2012）[①]来计算煤炭消费量的减少。然后测算去除煤炭补贴带来的二氧化碳排放量减少，等同于测算煤炭的二氧化碳总排放量减少（百分比），原始数据来源于经济合作与发展组织。

### B.2.2 二氧化硫排放

通过假定0.01吨二氧化硫/吨煤炭的排放系数乘以煤炭吨数进行估算（国际能源署，2012；国际环境保护署，2012）。除了二氧化硫以外，煤炭消费的其他当地污染被认为是次要的。

## B.3 天然气

计算天然气消费的减少（百分比）通过假定一个-0.3的价格弹性（国际能源署，2012），二氧化碳排放量减少的估计等同于测算天然气的二氧化碳总排放减少，原始数据来源于经济合作与发展组织。如前所述，天然气的使用对本地的污染被认为是相对较小的。

## B.4 电力

由于超额电力需求，电力补贴增加了煤炭、天然气和其他发电燃料的消耗。然而由于以下原因，本书没有量化分析这些排放效应。

1.在一些国家，电力补贴产生的部分原因是电力行业的低效率。换句话说，部分问题并不是价格太低，而是成本太高。因此，成功的补贴改革

---

① 对国际能源署的估计作了向上调整，原因在于其估计通常被认为是倾向保守的。

可以减少这些低效率，而不必提高价格和抑制需求。

2.数据的局限性使移除电力补贴的环境影响难以量化，例如，价格和成本数据是有限的，以及缺乏边际发电用能源的信息，其可能不同于平均水平。

3.燃油、煤炭和天然气作为发电投入，其价格上涨对环境的影响在对这些能源产品进行计算时已被包含。另外，电力补贴在税后补贴总额中所占的份额相对较小，所以这个遗漏对整体估算只有很小的影响。

## B.5 警告

这里使用的方法是用来提供长期影响大小的粗略估计，具有一定的局限性。例如，没有考虑不同能源之间的替代以及由此产生的抵销效应（例如，如果去除补贴提高了天然气对煤炭的相对价格，可能会产生一定的排放量增加）。

# ↘主要参考文献


Ajodhia, V., W. Mulder, and T. Slot, 2012, Tariff Structures for Sustainable Electrification in Africa (Arnhem, the Netherlands: KEMA).

Amavilah, V. H. S., 1999, "The Resellers' Regulated Demand Price of 93 Octane Petrol in Namibia Relative to OPEC Crude Oil Price, 1991," Discussion Paper No. 10, Ore Body Engineering Ltd.

Antmann, Pedro, 2009, "Reducing Technical and Non - Technical Losses in the Power Sector," Background Paper for the World Bank Group Energy Sector Strategy (Washington: World Bank).

Arze del Granado, Javier, David Coady, and Robert Gillingham, 2012, "The Unequal Benefits of Fuel Subsidies: A Review of Evidence for Developing Countries," World Development, Vol. 40 (November), pp. 2234 – 48.

Atiyas, Izak, and Mark Dutz, 2012, "Competition and Regulatory Reform in the Turkish Electricity Industry," in Reforming Turkish Energy Markets (New York: Springer).

Bacon, R., E. Ley, and M. Kojima, 2010, "Subsidies in the Energy Sector: An Overview," Background Paper for the World Bank Group Energy Sector Strategy, July (Washington: World Bank).

Baig, Taimur, Amine Mati, David Coady, and Joseph Ntamatungiro, 2007, "Domestic Petroleum Product Prices and Subsidies: Recent Developments and Reform Strategies," IMF Working Paper No. 07/71 (Washington: International Monetary Fund). Available via the Internet: http:// www.imf.org/external/pubs/ft/wp/2007 /wp0771 .pdf

Bank of Namibia, 2005, Quarterly Bulletin, Vol. 14, No. 1 (March).

Beaton, Christopher, and Lucky Lontoh, 2010, "Lessons Learned from Indonesia's Attempts to Reform Fossil-Fuel Subsidies" (Winnipeg: International Institute for Sustainable Development).

Bernardo, Romeo L., Marie - Christine G. Tang, 2008, "The Political Economy of

Reform during the Ramos Administration (1992 - 98)," Commission on Growth and Development Working Paper No. 39 (Washington: World Bank).

Besant-Jones, John E., 2006, "Reforming Power Markets in Developing Countries: What Have We Learned?" Energy and Mining Sector Board Discussion Paper No. 19 (Washington: World Bank).

Blaschke, W., and U. Lorenz, 2004, "Restructuring of Polish Hard Coal Industry in the Last Decade and Perspectives for the Next Decade, " in European Conference on Raw Building and Coal: New Perspectives (Sarajevo: Wyd IP Svjetlost, d.d.). Available via the Internet: http:// www.min - pan.krakow.pl/ zaklady/zrynek /zasoby/04_04wb_ul _sarajewo .pdf

BP, 2012, Statistical Review of World Energy: June 2012. Available via the Internet: http://www.bp.com /statisticalreview

Breisinger, Clemens, Wilfried Engelke, and Oliver Ecker, 2011, "Petroleum Subsidies in Yemen: Leveraging Reform for Development, " Policy Research Working Paper No. 5577 (Washington: World Bank).

Briceño - Garmendia, C., and M. Shkaratan, 2011a, "Kenya' s Infrastructure: A Continental Perspective, " Policy Research Working Paper No. 5596 (Washington: World Bank).

Briceño-Garmendia, C., and M. Shkaratan, 2011b, "Power Tariffs: Caught between Costs Recovery and Aff ordability, " Policy Research Working Paper No. 5904 (Washington: World Bank).

Burniaux, Jean - Marc, Jean Chateau, Romain Duval, and Stéphanie Jamet, 2009, "The Economics of Climate Change Mitigation: How to Build the Necessary Global Action in a Cost - Effective Manner, " OECD Economics Department Working Papers No. 701 (Paris: Organisation for Economic Co - operation and Development).

Calderón, César, 2008, "Infrastructure and Growth in Africa, " Policy Research Working Paper No. 4914(Washington: World Bank).

Carreón-Rodriguez, Victor, Armando Jiménez San Vicente, and Juan Rosellón, 2003, "The Mexican Electricity Sector: Economic, Legal and Political Issues, " Working Paper (Stanford, CA: Program on Energy and Sustainable Development, Stanford University).

Clements, Benedict, Sanjeev Gupta, and Masahiro Nozaki, 2012, "What Happens to Social Spending in IMF-Supported Programs?" Applied Economics, Vol. 45, No.

28, pp. 4022 – 33.

Clements, Benedict, Hong-Sang Jung, and Sanjeev Gupta, 2007, "Real and Distributive Effects of Petroleum Price Liberalization: The Case of Indonesia," The Developing Economies, Vol. 45, No. 2, pp. 220 – 37.

Coady, David, Javier Arze del Granado, Luc Eyraud, Hui Jin, Vimal Thakoor, Anita Tuladhar, and Lilla Nemeth, 2012, "Automatic Fuel Pricing Mechanisms with Price Smoothing: Design, Implementation, and Fiscal Implications," Technical Notes and Manuals No. 12/03 (Washington: International Monetary Fund). Available via the Internet: http:// www.imf.org/external /pubs/ft/tnm/2012/ tnm1203 .pdf

Coady, David, Moataz El-Said, Robert Gillingham, Kangni Kpodar, Paulo Medas, and David Newhouse, 2006, "The Magnitude and Distribution of Fuel Subsidies: Evidence from Bolivia, Ghana, Jordan, Mali, and Sri Lanka," IMF Working Paper No. 06/247 (Washington: International Monetary Fund).

Coady, David, Robert Gillingham, Rolando Ossowski, John Piotrowski, Shamsuddin Tareq, and Justin Tyson, 2010, "Petroleum Product Subsidies: Costly, Inequitable, and Rising," IMF Staff Position Note No. 10/05 (Washington: International Monetary Fund). Available via the Internet: http://www.imf.org/ external/pubs/ft /spn/2010/spn1005 .pdf

Coady, David, and David Newhouse, 2006, "Evaluating the Distribution of the Real Income Effects of Increases in Petroleum Product Prices in Ghana," in Analyzing the Distributional Impacts of Reforms: Operational Experience in Implementing Poverty and Social Impact Analysis, ed. by A. Coudouel, A. Dani, and S. Paternostro (Washington: World Bank).

Competition Tribunal of South Africa, 2006, "Uhambo Merger Findings," Case No: 101/LM/Dec04. Deutsche Gesellschaft für Internationale Zusammenarbeit, 2009, International Fuel Prices 2009 (Bonn and Berlin, 6th ed.).

Dick, Herman, Sanjeev Gupta, David Vincent, and Herbert Voight, 1984, "The Impact of Oil Price Increases on Four Oil-Poor Developing Countries: A Comparative Analysis," Energy Economics, Vol. 6 (January), pp. 59–70.

Ebert, Sebastian, Gerhard P. Metschies, Dominik Schmid, and Armin Wagner, 2009, International Fuel Prices 2009 (Eschborn: Deutsche Gesellschaft für Technische Zusammenarbeit, 6th ed.).

Ellis, Jennifer, 2010, "The Effects of Fossil-Fuel Subsidy Reform: A Review of

Modelling and Empirical Studies," in The Untold Billions: Fossil-Fuel Subsidies, Their Impacts and the Path to Reform (Geneva: Global Subsidies Initiative).

Energy Information Administration (EIA), 2012, "Fuel Competition in Power Generation and Elasticities of Substitution" (Washington, D.C.: U.S. Department of Energy).

Environmental Protection Agency, 2012, "Quarterly Emissions Tracking," U.S. Environmental Protection Agency. Available via the Internet: http://www.epa.gov/airmarkt/quarterly tracking.html

Escribano, Alvaro, J. Luis Guasch, and Jorge Pena, 2008, "A Robust Assessment of the Impact of Infrastructure on African Firms' Productivity," Africa Infrastructure Country, Diagnostic Working Paper (Washington: World Bank).

Fernandez, Luisa, and Rosechin Olfindo, 2011, "Overview of the Philippines' Conditional Cash Transfer Program," Social Protection Note No. 2, May (Washington: World Bank).

Fiszbein, Ariel, and Norbert Schady, 2009, Conditional Cash Transfers: Reducing Present and Future Poverty, Policy Research Report (Washington: World Bank).

Fofana, Ismaél, Margaret Chitiga, and Ramos Mabugu, 2009, "Oil Prices and the South African Economy: A Macro-Meso-Micro Analysis," Energy Policy, Vol. 37 (December), pp. 5509 - 18.

Foster, V., and C. Briceño-Garmendia, 2010, Africa's Infrastructure: A Time for Transformation (Washington: World Bank).

Foster, Vivien, and Jevgenijs Steinbuks, 2008, "Paying the Price for Unreliable Power Supplies: In-House Generation of Electricity by Firms in Africa," Policy Research Working Paper No. 4913 (Washington: World Bank).

Garcia, Morito, and Charity M. T. Moore, 2012, The Cash Dividend: The Rise of Cash Transfers in Sub-Saharan Africa, (Washington: World Bank).

Gelb, Alan, and associates, 1988, Oil Windfalls: Blessing or Curse? (New York: Oxford University Press).

Giambiagi, F., and M. Moreira, 1999, "A Economia Brasileira nos Anos 90" (Rio de Janeiro: Banco Nacional de Desenvolvimento Econômicoe Social).

Global Subsidies Initiative, 2010, "Strategies for Reforming Fossil-Fuel Subsidies: Practical Lessons from Ghana, France and Senegal," in The Untold Billions: Fossil-Fuel Subsidies, Their Impacts and the Path to Reform (Winnipeg: International Institute for Sustainable Development).

Graham, Carol, 1998, Private Markets for Public Goods: Raising the Stakes in Economic Reform (Washington: World Bank).

Grosh, Margaret, Carlo del Ninno, Emil Tesliuc, and Azedine Ouerghi, 2008, For Promotion and Protection: The Design and Implementation of Effective Safety Nets (Washington: World Bank).

Gupta, Sanjeev, 1983, "India and the Second OPEC Oil Shock—An Economy-Wide Analysis," Review of World Economics, Vol. 119, No. 1, pp. 122 - 37.

Gupta, Sanjeev, Benedict Clements, Kevin Fletcher, and Isabel Inchauste, 2004, "Issues in Domestic Petroleum Pricing in Oil-Producing Countries," in Fiscal Policy Formulation and Implementation in Oil-Producing Countries, ed. by J. Davis, R. Ossowski, and A. Fedelino (Washington: International Monetary Fund).

Gupta, Sanjeev, Marijn Verhoeven, Robert Gillingham, Christian Schiller, Ali Mansoor, and Juan Pablo Cordoba, 2000, Equity and Efficiency in the Reform of Price Subsidies: A Guide for Policymakers (Washington: International Monetary Fund).

Heggie, Ian G., and Piers Vickers, 1998, "Commercial Management and Financing of Roads," World Bank Technical Paper No. 409 (Washington: World Bank). Available via the Internet: http:// documents.worldbank.org/curated/en/1998/05/441617/commercial-management-financing-roads

Institute for Fiscal Studies, 2012, "Tax and Benefit Tables" (London). Available via the Internet: http:// www.ifs.org.uk/fiscalFacts/taxTables

International Energy Agency, 2010, "Energy Policies of IEA Countries: Turkey 2009 Review" (Paris).

International Energy Agency, 2011a, "Development in Energy Subsidies," in the World Energy Outlook (Paris).

International Energy Agency, 2011b, "Fossil-Fuel Subsidies—Methodology and Assumptions," World Energy Outlook. Available via the Internet: http://www.iea.org/publications/worldenergyoutlook/resources /energysubsidies/methodologyforcalculatingsubsidies

International Energy Agency, 2011c, World Energy Outlook (Paris).

International Finance Corporation, 2012, From Gap to Opportunity: Business Models for Scaling up Energy Access (Washington).

International Monetary Fund, 2001, "Ghana," Country Report No. 01/141 (Washington).

International Monetary Fund, 2005a, "Ghana, " Country Report No. 05/292 (Washington).

International Monetary Fund, 2005b, "Power Sector Reform in the Philippines, " in Philippines: Selected Issues Paper (Washington).

International Monetary Fund, 2008, "Food and Fuel Prices— Recent Developments, Macroeconomic Impact, and Policy Responses" (Washington). Available via the Internet: http://www.imf.org/external/np/pp/eng/2008 /063008.pdf

International Monetary Fund, 2011a, "Ghana, " Country Report No. 11/128 (Washington).

International Monetary Fund, 2011b, Regional Economic Outlook: Middle East and Central Asia, World Economic and Financial Surveys (Washington).

International Monetary Fund, 2012a, "Fiscal Transparency, Accountability, and Risk, " IMF Policy Paper (Washington). Available via the Internet: https://www.imf.org/external/np/pp/eng/2012/080712.pdf

International Monetary Fund, 2012b, "Ghana, " Country Report No. 12/36 (Washington).

International Monetary Fund, 2012c, "Ghana, " Country Report No. 12/201 (Washington).

International Monetary Fund, 2012d, "Managing Global Growth Risks and Commodity Price Shocks: Vulnerabilities and Policy Challenges for Low-Income Countries" (Washington). Available via the Internet: http:// www.imf.org/external/np/pp/eng/2011/092111.pdf

International Monetary Fund, 2012e, Regional Economic Outlook: Sub-Saharan Africa: Sustaining Growth amid Global Uncertainty, World Economic and Financial Surveys (Washington).

International Monetary Fund, forthcoming, "Pricing Energy for Environmental Damages: Putting Principle into Practice" (Washington).

Komives, Kristin, Todd Johnson, Jonathan Halpern, Jose Luis Aburto, and John Scott, 2009, "Residential Electricity Subsidies in Mexico: Exploring Options for Reform and for Enhancing the Impact on the Poor, " Working Paper No. 160 (Washington: World Bank).

Koplow, Doug, 2009, "Measuring Energy Subsidies Using the Price-Gap Approach: What Does It Leave out?" IISD Trade, Investment and Climate Change Series (Winnipeg: International Institute for Sustainable Development). Available via the Internet: http://www.iisd.org/publications/pub.aspx?pno=1165

Kumar, Manmohan S., and Jaejoon Woo, 2010, "Public Debt and Growth," IMF Working Paper No. 10/174 (Washington: International Monetary Fund). Available via the Internet: http://www.imf.org/external/pubs/ft/wp/2010/wp10174.pdf

Kumar, Manmohan S., Anthony A. Kolb, Sumila Gulyani, and Vahram Avenesyan, 2011, "Utility Pricing and the Poor: Lessons from Armenia," Technical Paper No. 497 (Washington: World Bank).

Lampietti, Julian, Anthony A. Kolb, Sumila Gulyani, and Vahram Avenesyan, 2011, "Utility Pricing and the Poor: Lessons from Armenia," World Bank Technical Papers No. 497 (Washington: World Bank).

Larrain, Felipe B., 2010, "Nuevos Mecanismos de Protección ante Variaciones de Precios de Combustibles," Presentation, Chilean Ministry of Finance. Available via the Internet: http://www.chiletransporte.cl/3w/images/Documentos/Sipco.pdf

Lofgren, Hans, 1995, "Macro and Micro Effects of Subsidy Cuts: A Short Run CGE Analysis for Egypt," TMD Discussion Paper No. 5 (Washington: International Food Policy Research Institute).

Márquez, Miguel, 2000, "El Fondo de Estabilización de Precios del Petróleo (FEPP) yel Mercado de los derivados en Chile," División de Recursos Naturalese Infraestructura, ECLAC. Available via the Internet: http://www.eclac.org/publicaciones/xml/9/5789/Lcl1452e.pdf

Mota, Raffaella, 2003, "The Restructuring and Privatisation of Electricity Distribution and Supply Business in Brazil: A Social Cost-Benefit Analysis," Working Paper No. WP 0309 (Cambridge: University of Cambridge, Department of Applied Economics).

Mourougane, Annabelle, 2010, "Phasing out Energy Subsidies in Indonesia," OECD Economics Department Working Paper No. 808 (Paris: Organisation for Economic Co-operation and Development).

National Research Council, 2009, "Hidden Costs of Energy: Unpriced Consequences of Energy Production and Use," Committee on Health, Environmental, Other External Costs and Benefits of Energy Production and Consumption (Washington: National Academies Press).

Nixson, Frederick, and Bernard Walters, 2005, "Utilities' Pricing and the Poor: The

Case of Armenia," UNDP Armenia White Paper (New York: United Nations Development Program).

Nordhaus, William, 2011, "Estimates of the Social Cost of Carbon: Background and Results from the RICE-2011 Model," NBER Working Paper No. 17540 (Cambridge: National Bureau of Economic Research).

Okigbo, Patrick O., and Dili Enekebe, 2011, "Nigeria: Fuel Subsidy Removal—Achieving the Optimal Solution," Nextier Policy Brief, December 15 (Washington: Nextier).

Okonjo - Iweala, Ngozi, 2011, "Brief on Fuel Subsidy," December 6 (Nigeria: Federal Ministry of Finance).

Organisation for Economic Co-operation and Development, 2004, Mexico: Progress in Implementing Regulatory Reform (Paris).

Organisation for Economic Co-operation and Development, 2009, "The Economics of Climate Change Mitigation Policies and Options for Global Action beyond 2012" (Paris).

Organisation for Economic Co-operation and Development, 2012a, "Inventory of Estimated Budgetary Support and Tax Expenditures for Fossil Fuels" (Paris). Available via the Internet: http://www.oecd.org/tad/environmentandtrade/inventoryofestimatedbudgetarysupportandtaxexpendituresforfossilfuels.htm

Organisation for Economic Co-operation and Development, 2012b, "Mortality Risk Valuation in Environment, Health and Transport Policies" (Paris).

Organisation for Economic Co-operation and Development, 2013, "Chile: Inventory of Estimated Budgetary Support and Tax Expenditures for Fossil Fuels," Overview Note, OECD-IEA Fossil Fuel Subsidies and Other Support. Available via the Internet: http://www.oecd.org/site/tadffss /Chileoverviewfossilfuelsupport2013.pdf

O' Ryan, Raul, Sebastian Miller, Jorge Rogat, and Carlos de Miguel, 2003, "The Impact of Removing Energy Subsidies in Chile," in Energy Subsidies: Lessons Learned in Assessing Their Impact and Designing Policy Reforms (Geneva: United Nations Environment Program). Available via the Internet: http://www.unep.ch /etb/publications/energySubsidies/Energy subreport.pdf

Parry, Ian W. H., 2011, "How Much Should Highway Fuels Be Taxed?" in U.S. Energy Tax Policy, ed. by Gilbert E. Metcalf (Cambridge: Cambridge University Press).

Parry, Ian W. H., and Kenneth A. Small, 2005, "Does Britain or the United States

Have the Right Gasoline Tax?" American Economic Review, Vol. 95, No. 4, pp. 1276–89.

Parry, Ian W. H., and Jon Strand, 2011, "International Fuel Tax Assessment: An Application to Chile," IMF Working Paper No. 11/168 (Washington: International Monetary Fund). Available via the Internet: http:// www.imf.org/external/pubs/ft/wp/2011/wp11168.pdf

Philippines, Department of Energy, 2006, "8th EPIRA Implementation Status Report" (Manila).

Ranganathan, R., and Vivien Foster, 2012, "Uganda's Infrastructure: A Continental Perspective," Policy Research Working Paper No. 5963 (Washington: World Bank).

Sargsyan, Gevorg, Ani Balabanyan, and Denzel Hankinson, 2006, "From Crisis to Stability in the Armenian Power Sector: Lessons Learned from Armenia's Energy Reform Experience," Working Paper No. 74 (Washington: World Bank).

Stern, Nicholas, 2006, Stern Review on the Economics of Climate Change (London: Her Majesty's Treasury).

Sterner, Th omas, ed., 2012, Fuel Taxes and the Poor: The Distributional Effects of Gasoline Taxation and Their Implications for Climate Policy (Washington: RFF Press).

Suwala, Wojciech, 2010, "Lessons Learned from the Restructuring of Poland's Coal-Mining Industry" (Geneva: Global Subsidies Initiative). Available via the Internet: http://www.iisd.org/gsi/sites/default/files/poland _casestudy_ffs .pdf

Uganda, Ministry of Energy and Mineral Development, 2012a, Energy and Mineral Sector Performance Report, 2008–2011 (Kampala).

Uganda, Ministry of Energy and Mineral Development, 2012b, Performance of the Uganda Power Sector (Kampala).

United Nations Environment Program and the International Energy Agency, 2002, "Reforming Energy Subsidies: An Explanatory Summary of the Issues and Challenges in Removing or Modifying Subsidies on Energy that Undermine the Pursuit of Sustainable Development" (Paris).

United Nations Environment Program, 2008, "Reforming Energy Subsidies: Opportunities to Contribute to the Climate Change Agenda," Division of Technology, Industry and Economics (Paris).

United States, Interagency Working Group on Social Cost of Carbon, 2013,

"Technical Support Document: Technical Update of the Social Cost of Carbon for Regulatory Impact Analysis Under Executive Order 12866." Available via the Internet: http://www.whitehouse.gov/sites/default/fies/omb/inforeg/socia_cost_of_carbon_for_ria _2013_update.pdf

Vagliasindi, Maria, 2013, "Implementing Energy Subsidy Reforms: Evidence from Developing Countries" (Washington: World Bank). Available via the Internet: https://openknowledge.worldbank.org/handle/10986 /11965

Velody, Mark, Michael J. G. Cain, and Michael Philips, 2003, "Energy Reform and Social Protection in Armenia," in A Regional Review of Social Safety Net Approaches: In Support of Energy Sector Reform (Washington: United States Agency for International Development).

von Moltke, Anja, Colin McKee, and Trevor Morgan, 2004, Energy Subsidies: Lessons Learned in Assessing Their Impact and Designing Policy Reforms (Sheffield: Greenleaf Publishing).

World Bank, 2008, Philippines Quarterly Update (Washington). Available via the Internet: http:// documents .worldbank.org/curated/en/2008/11/11962976/philippines-quarterly-update

World Bank, 2009, "Philippines—First Development Policy Loan Project." Available via the Internet: http:// documents.worldbank.org/curated/en/2009/09/11415139/philippines-first-development-policy-loan-project

World Bank, 2010a, "Project Appraisal Document for the Electricity Expansion Project," Report No. 54147-KE, May (Washington).

World Bank, 2010b, "Subsidies in the Energy Sector: An Overview," Background paper for the World Bank Group Energy Sector Strategy, July. Available via the Internet: http://siteresources.wordbank.org/EXTESC/Resources /Subsidy_background_paper.pdf

World Bank, 2011a, "Uganda: Strategic Review of the Electricity Sector," Draft Policy Note (Washington).

World Bank, 2011b, "Proposed Credit to the Republic of Uganda for an Electricity Sector Development Project," Report No. 59310-UG, May (Washington).

World Bank, 2012a, Improving the Targeting of Social Programs in Ghana, ed. by Q. Wendon (Washington).

World Bank, 2012b, "Proposed Credit in the Amount of SDR 32.3 million (US$50 million equivalent) to the Republic of Niger for a First Shared Growth Credit,"

Report No. 69131-NE, May 31 (Washington).

Zhang, Fan, 2011, "Distributional Impact Analysis of the Energy Price Reform in Turkey," Policy Research Working Paper No. 5831 (Washington: World Bank).